La mia Italia

Toshikazu Ichinose

Shinko Nakaya

Tamayo Irie

EDIZIONE AMPLIATA
con materiali digitali

私のイタリア

新装版デジタルテキスト付

一ノ瀬　俊和

JN081305

中矢　慎子

入江たまよ

朝日出版社

本テキストHPのご案内

■おまけのデジタルテキストを掲載
■自習に使える【筆記】補充・応用問題、【リスニング】補充・応用問題を掲載
■本文内♪マークの箇所および、【リスニング】補充・応用問題用の音声を掲載

https://text.asahipress.com/free/others/lamiaitaliaedizioneampliata/index.html

まえがき

　外国語は、「興味を持って楽しみながら、継続して学習する」のが上達のコツです。これは、特に入門レベルの学習においてはとても重要なことだと思われます。このテキストは、イタリアの大きな5つの都市めぐりをしながら、自然とイタリアの地理や文化・社会・生活そしてことばの習得ができるように作られています。それぞれの街の魅力を味わいながら、少しずつイタリア語の基本的な仕組みや表現を学んでいきます。ことばは単なる記号の集合体ではありません。そのことばが使われている背景やそこに暮らす人びととのメンタリティーを理解して、はじめて生きた使い方ができるものです。こうした観点から、このテキストはイタリアという国やイタリア人を総合的に理解しながら、ことばの学習を進めていくという方針で書かれました。

　本書の特徴を挙げると、以下のようになるでしょう。

＊　思い切ってフルカラー印刷を採用し、イラストも使って楽しく学べるよう工夫しました。

＊　各都市には関連のカラー写真を載せました。その街を理解する一助としてください。

＊　音声には、本文ダイアログ、文法解説の例文、主な表現等を収録してあります。読み、書きの練習に加えて、耳からの学習でイタリア語のリズムに慣れましょう。

　次に，本書の構成を説明しましょう。

＊　全体は、発音編プラス10課にコンパクトにまとめ、大学の授業において1〜2年間で無理なく使えるよう配慮しました。これだけで、基礎的な文法事項と日常的によく使われるかなりの表現を学べるはずです。

＊　文法のさらに詳しい解説や発展的な事項、さまざまな表現のまとめを巻末の補遺に載せましたので、必要に応じて利用してください。

＊　各課は4ページから構成されています。1ページ目は会話による本文、見開きの2ページ目にはその街の写真と関連コラムがあります。3ページ目は文法事項の解説、そして4ページ目には練習問題と覚えておきたい表現や情報のコラムがあります。

＊　巻末には、上記の補遺のほか、「聞き取り練習問題」と「おもな動詞活用表」も載せました。大いに活用してほしいと思います。

　さあ、それでは太陽の国イタリアの都市めぐりを始めましょう。あなたも旅人になったつもりで、ゆったりとした時の流れに身をまかせ、それぞれの街の見どころを回り、料理やワインに舌鼓を打ち、土地っ子とのふれあいを楽しんでください！

Buon viaggio!

◆　本書の作成にあたって、本文校閲のアルダ・ナンニーニさん、緻密な編集作業の山田敏之さん（朝日出版社）には大変お世話になりました。この場を借りて、心より御礼申し上げます。

2010年秋　　著者

　今回の改訂新版では、本稿の練習問題を全面的に見直し、差し替えました。また、コラムの一部をわかりやすいように修正しました。より効率的な学習につながれば幸いです。

2015年秋　　著者

　新装版デジタルテキスト付では、昨今の需要に合わせ、おまけとして教科書と同内容のデジタルテキストが使えるようになりました。また添付CDを廃止し、音声はweb上でお聴きいただけるようになりました。さらに補充・応用問題（筆記、リスニング）をHP上に掲載いたしました。

2020年秋　　著者

INDICE （目次）

写真提供 ─ ルカ・カッポンチェッリ／佐々木なおみ
向井昭二／向井数詞／塚原光顕
イタリア語校閲 ─ Alda Nannini
装丁 ─ メディアアート
イラスト ─ 酒井うらら

Lezione Introduttiva

1 アルファベート **Alfabeto**

A	A	**a**	a	[a]
B	B	**b**	b	[bi]
C	C	**c**	c	[ci]
D	D	**d**	d	[di]
E	E	**e**	e	[e]
F	F	**f**	f	[effe]
G	G	**g**	g	[gi]
H	H	**h**	h	[acca]
I	I	**i**	i	[i]
L	L	**l**	l	[elle]
M	M	**m**	m	[emme]
N	N	**n**	n	[enne]
O	O	**o**	o	[o]
P	P	**p**	p	[pi]
Q	Q	**q**	q	[qu]
R	R	**r**	r	[erre]
S	S	**s**	s	[esse]
T	T	**t**	t	[ti]
U	U	**u**	u	[u]
V	V	**v**	v	[vi / vu]
Z	Z	**z**	z	[zeta]
J	J	**j**	j	[i lunga]
K	K	**k**	k	[kappa]
W	W	**w**	w	[doppia vu]
X	X	**x**	x	[ics]
Y	Y	**y**	y	[ipsilon / i greca]

2 発音 Pronuncia

母音 Vocali   a - e - i - o - u

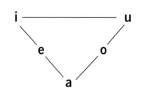

閉口音	é	ó
開口音	è	ò

子音　Consonanti

a) 二重同一子音はつまる音

coppa　　davvero　　fritto　　**cf.**　mamma　　nonno

b) ローマ字式とは異なるもの

c	ca	camera	lumaca
	co	come	poco
	cu	cultura	cuoco
	ci	cinema	città
		(ciao　ciuffo　ciotola)	
	ce	cena	aceto
	chi	chimica	pochi
		(chiave　chiudere　occhio)	
	che	amiche	pacchetto
g	gi	giro	Luigi
		(giapponese　Giulia　gioco)	
	ge	gente	leggere
	ghi	laghi	
		(ghiaccio　unghie　ghiottone)	
	ghe	spaghetti	alghe

gl　　　gli　fogli　　**cf.** anglicano　inglese
　　　　(famiglia　biglietto　aglio)

gn　　　disegnare　agnello　compagni　gnocchi　ognuno

h　　　hotel　hanno

qu　　　acqua　comunque　qui　quotidiano

s　（清音）　salute　classe　sistema　sosta　spalla
　　（濁音）　sbaglio　smettere　causa　uso

1-3 ♪

1-4 ♪

1-5 ♪

sc		sci	uscire	sciroppo	
		(sciare	scienza	sciopero)	cf. tedeschi
		scena	crescendo	pesce	cf. scheda
		riscaldare	scoprire	scusare	
z	（清音）	pizza	stazione	ragazzo	
	（濁音）	zanzara	zingaro	zoo	

3 アクセント **Accento**

a) 後ろから２番目の母音にあるものが多く、だいたい長音になる。

treno   amore   cucina

b) 語末の母音にアクセントがある場合は、必ずアクセント記号をつける。

caffè   università   virtù

Esercizi (1)

1. スペルを聞いて単語を書き取ってください。１問につき２回ずつ読みます。

(1) _____   (2) _____   (3) _____

(4) _____   (5) _____   (6) _____

2. 自分の名前をアルファベットで書いて、読んでみましょう。

（例）山本美咲 (Misaki Yamamoto)

emme-i-esse-a-kappa-i / ipsilon-a-emme-a-emme-o-ti-o

Esercizi (2)

1. 次の単語を発音してみましょう。

(1) centro   (2) bottiglia   (3) nuovo   (4) signore   (5) giovedì

(6) scendere   (7) chissà   (8) gentile   (9) unghia   (10) zenzero

2. イタリアの地名を聞いて、アルファベットで書き取ってみましょう。

(1) _____   (2) _____   (3) _____

(4) _____   (5) _____   (6) _____

4 名詞と冠詞の基本ルール

★名詞

	単数形 (s= singolare)		複数形 (pl= plurale)
男性名詞 (m= maschile)	libro	→	libri
	ragazzo	→	ragazzi
	fiore	→	fiori
女性名詞 (f= femminile)	rivista	→	riviste
	ragazza	→	ragazze
	chiave	→	chiavi

	単数		複数
男性	− o	→	− i
	− e	→	− i
女性	− a	→	− e

★不定冠詞

	単数形	
男性名詞の前	**un**	un libro, un ragazzo, un fiore
女性名詞の前	**una**	una rivista, una ragazza, una chiave

★定冠詞のルール

	単数形		複数形	
男性名詞の前	**il**	→	**i**	il libro→i libri, il ragazzo→i ragazzi, il fiore→i fiori
女性名詞の前	**la**	→	**le**	la rivista→le riviste, la ragazza→le ragazze, la chiave→le chiavi

※このページでは大原則のみ取り上げています。不定冠詞および定冠詞について、詳しくは12ページを参照してください。

Esercizi (3)

1. 以下の男性名詞に不定冠詞・定冠詞をつけてみましょう。

（例）bambino → un bambino → il bambino → i bambini

(1) tavolo → _____ _____ _____

(2) dizionario → _____ _____ _____

(3) fiore → _____ _____ _____

2. 以下の女性名詞に不定冠詞・定冠詞をつけてみましょう。

（例）bambina → una bambina → la bambina → le bambine

(1) camera → _____ _____ _____

(2) zuppa → _____ _____ _____

(3) classe → _____ _____ _____

Lezione 1 *Milano (1)*

In un ostello della gioventù a Milano

Misaki è nella sala da pranzo. Accanto a lei, un ragazzo tedesco.

Dialogo

Misaki	:	Ciao!
Hans	:	Ciao! Sei giapponese?
Misaki	:	Sì, sono giapponese. E tu?
Hans	:	Sono tedesco. Mi chiamo Hans. E tu?
Misaki	:	Io mi chiamo Misaki. Di dove sei?
Hans	:	Sono di Berlino.
Misaki	:	Io sono di Tokyo. E quanti anni hai?
Hans	:	20 (venti).
Misaki	:	Davvero? Anch'io!

◆ Vocaboli ◆

ostello della gioventù ユースホステル　**sala da pranzo** 食堂　**accanto a** …の脇に
tedesco ドイツ人、ドイツ人の　**e** そして　**mi chiamo**（<chiamarsi の1人称単数）（私は）
…という名前だ　**Berlino** ベルリン　**hai**（<avere の2人称単数）　**davvero** ほんとうに
anch'io（= anche 〜もまた+io 私）

Il Duomo

Teatro alla Scala

Santa Maria delle Grazie

ミラノ(1)

　　ロンバルディア州 Lombardia の州都ミラノは、イタリアの工業、商業、金融の中心となっている大都市。人口は約**170**万人。**ミラノ Milano** という名前は、古代ローマ人が「(ロンバルディア)**平野の真ん中**」を意味する **Mediolanum** と命名したことに由来しています。

　　中世からルネサンスにかけては「ミラノ公国」として大いに発展しましたが、第２次世界大戦では爆撃を受け、多くの部分が破壊されました。そのため現在では、古い建物と近代的なビルが混在した町並みを形成しています。観光の見どころとしては、**ドゥオーモ Il Duomo**、**ヴィットリオ・エマヌエーレ２世のギャラリー La Galleria Vittorio Emanuele II**、オペラの殿堂**スカラ座 Teatro alla Scala**、レオナルド・ダ・ヴィンチの「最後の晩餐」で有名な**サンタ・マリーア・デッレ・グラッツィエ教会 Santa Maria delle Grazie**、**スフォルツェスコ城 Il Castello Sforzesco** などがあります。

Grammatica 1

1 あいさつ

	☀	🍽	🌙
フォーマル	Buongiorno.	Buonasera. – Come sta? – Bene, grazie e Lei?	
インフォーマル		Ciao. – Come stai? – Bene, e tu?	

◆ いろいろなあいさつと関連表現

Piacere.	Buonanotte.	Signore
Prego.	Scusi./Scusa.	Signora
Arrivederci.	A più tardi./A presto.	Signorina

2 **essere** と **avere** の直説法現在

essere			
io	sono	noi	siamo
tu	sei	voi (Voi)	siete
lui/lei Lei	è	loro (Loro)	sono

avere	
ho	abbiamo
hai	avete
ha	hanno

3 疑問文、肯定文、否定文

– Scusa, sei italiano?

– Sì, sono italiano.   /   – No, **non** sono italiano.

4 名前、年齢の聞き方

フォーマル Lei	– Come si chiama? – (Mi chiamo) Rossi, Antonio Rossi.	
インフォーマル tu	– Come ti chiami? – (Mi chiamo) Daniela.	– Quanti anni hai? – (Ho) 18 (anni).

Esercizi 1

[1] 次の会話を完成させましょう。

(1) ○ _____
    ● Ciao!
    ○ _____
    ● Bene. E tu?
    ○ _____
    ● Ciao! A più tardi.

(2) ○ _____
    ● Piacere.
    ○ _____
    ● Rossi, Paola Rossi.
    ○ Signorina Rossi, come sta?
    ● _____
    ○ Bene, grazie.

[2] 意味に応じて essere または avere を適当な形に変化させ、意味を考えてみましょう。

（例）Taro (**è**) giapponese. <u>太郎は日本人です。</u>

(1) Tu (   ) italiana.   _____
(2) Enzo (   ) 18 anni.   _____
(3) Misaki, (   ) amici in Italia? _____
(4) Voi (   ) studenti?   _____
(5) Noi (   ) un negozio.*   _____

*店、商店

[3] イタリア語で言ってみましょう。

(1) － やあ、君の名前は？　－ フランカ Franca よ。あなたは？

(2) － ビアンキ Bianchi さん（女）、おやすみなさい。

　　－ おやすみなさい、ネーリ Neri さん（男）。

Ricordiamo

1-20 ♪

　1から20までの数字は、不規則です。アクセントの位置（太字）に注意して、そのまま覚えてしまいましょう。

1	**u**no (una, un, un')*	8	**o**tto	15	qu**i**ndici
2	d**u**e	9	n**o**ve	16	s**e**dici
3	tre	10	di**e**ci	17	dici**a**ssette
4	qu**a**ttro	11	**u**ndici	18	dici**o**tto
5	c**i**nque	12	d**o**dici	19	dici**a**nnove
6	s**e**i	13	tr**e**dici	20	v**e**nti
7	s**e**tte	14	qu**a**ttordici		*p.12（不定冠詞）参照。

Lezione 2　*Milano (2)*

Nella Galleria Vittorio Emanuele II

Misaki e Hans parlano mentre passeggiano nella Galleria.

Dialogo

Hans	:	Misaki, sei stanca?
Misaki	:	Sì, un po'. Sono ancora confusa dal fuso orario.
Hans	:	Allora hai sonno… Prendiamo un caffè?
Misaki	:	Sì, volentieri. C'è un bar qui vicino?
Hans	:	Vediamo… Ah sì, ce n'è uno più avanti.
Misaki	:	Va bene. Andiamo!
Hans	:	Io vorrei provare anche un gelato "italiano"!
Misaki	:	Hai già fame, Hans?!
Hans	:	Sì, e tu no? Strano!

◆ Vocaboli ◆

parlano（<parlare 3 人称複数）話す　**passeggiano**（<passeggiare 3 人称複数）散歩する
stanca（<stanco）疲れている　**confusa**（<confuso）すっきりしない、混乱している　**fuso orario** 時差　**prendiamo**（<prendere 1 人称複数）飲む　**volentieri** よろこんで　**qui vicino** この近くに　**ce n'è uno** 1 軒ある　**più avanti** もっと先に　**va bene** オーケー　**Andiamo!** 行こう！　**vorrei**（私は）〜したい　**strano** 不思議な

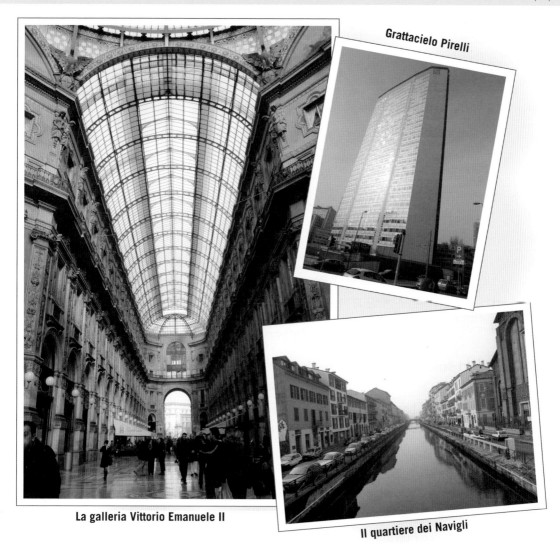

Grattacielo Pirelli

La galleria Vittorio Emanuele II

Il quartiere dei Navigli

ミラノ(2)

　ミラノには**ピレッリ・ビル Grattacielo Pirelli** のような高層建築もあり、近代的なオフィスが立ち並ぶビジネスとファッションのおしゃれな街といったイメージがあります。しかし、日本の大阪と姉妹都市になっているように、昔は運河の多い水運の町でした。その面影をいまなお残しているのが、市の南西部にある**ナヴィーリオ地区 il quartiere dei Navigli** です。15世紀にミラノの当主であった**ルドヴィーコ・イル・モーロ Ludovico il Moro** は、主にドゥオーモ建設のための大理石をマッジョーレ湖岸から運ぶために多くの運河を建設しました。いまでもその一部がこの地区に残っていて、独特なレトロな雰囲気を作り出しているのです。水をたたえてゆったりと流れる運河には、かわいらしい橋がかかり、両岸には古い家並みが続いています。ナヴィーリオ地区はまた、多くの前衛的な芸術家やデザイナーがアトリエを構えていることでも有名です。東京のウォーターフロントのような感じでしょうか。

Grammatica 2

1 冠詞

a) 不定冠詞（英語の **a, an**）「ひとつの、ある〜」＜単数形のみ＞

(m)　un　＋ 子音／母音　　un **l**ibro　un **a**lbergo

uno　＋〈s ＋ 子音〉/z　uno **st**udente　uno **z**aino

(f)　una　＋ 子音　　una **c**asa　una **st**ella

un'　＋ 母音　　un'**a**ula　un'**e**-mail

b) 定冠詞（英語の **the**）「その〜、あの〜」＜単数形・複数形＞

　　　(sing)　(pl)

(m)　il　→　i　　＋ 子音　　il **l**ibro　→　i **l**ibri

l'　→　gli　＋ 母音　　l'**a**lbergo　→　gli **a**lberghi

lo　→　gli　＋〈s ＋ 子音〉/z　lo **st**udente →　gli **st**udenti

(f)　la　→　le　＋ 子音　　la **c**asa　→　le **c**ase

l'　→　le　＋ 母音　　l'**a**ula　→　le **a**ule

2　**c'è~** と **ci sono~**「〜がある、〜がいる」

c'è (=ci è) ＋ 単数名詞　　— C'è una pizzeria qui vicino?　— Sì, c'è. / No, non c'è.

　　　　　　: un bar, un ristorante, una banca, un hotel, un ufficio postale, ecc.

ci sono　　＋ 複数名詞　　— In centro ci sono tanti turisti.

3　**avere** を使ったいろいろな表現

avere | **figli**　　　— Signora, quanti figli ha?　— Due: un maschio e una femmina.

fratelli　　— Mario, hai fratelli?　— Sì, ho una sorella.

un amico / un'amica　　Abbiamo un amico italiano.

~anni　　— Franca, quanti anni hai?　— 18 (diciotto).

avere | **fame**　　　— Hai fame?　— Sì, ho una fame da morire!

sete　　　Abbiamo molta sete.

la febbre　　Il bambino ha la febbre.

sonno　　　È tardi. Ho sonno.

mal di~　　Stamani ho mal di testa.

Maria ha mal di denti.

Sandra, hai ancora mal di stomaco?

Esercizi 2

[1] 例にならって、次の名詞の性（m / f）と意味を調べ、冠詞を付けてみましょう。

（例）penna [f]（ペン）→ una penna → la penna → le penne

(1) bambino　　[　　]　（　　　　　　）→

(2) zaino　　　　[　　]　（　　　　　　）→

(3) sedia　　　　[　　]　（　　　　　　）→

(4) ostello　　　[　　]　（　　　　　　）→

(5) aranciata　　[　　]　（　　　　　　）→

[2] essere または avere を適当な形に変化させ、意味を考えてみましょう。

(1) C'(　　　　) una pizzeria qui vicino?　　_____

(2) Ci (　　　　) tanti ragazzi in piazza.　　_____

(3) Fabio, (　　　　) fame?　　_____

(4) Ragazzi, (　　　　) italiani?　　_____

(5) Mayumi, (　　　　) fratelli?　　_____

(6) Stamani Elena (　　　　) mal di testa.　　_____

[3] イタリア語で言ってみましょう。

(1) ねえ、この近くにスーパー supermercato はあるかな？

(2) ーこんにちは。ロッシさんはいらっしゃいますか。　ーはい、いますよ。

(3) 私の父 mio padre は51歳で、母 mia madre は47歳です。

Ricordiamo

20～100までの数字は、区切りの数（20, 30, 40...）だけ覚えれば規則的に作れます。100～1000 までも同様です。100 cento は無変化、1000 mille の複数形は mila となります。

20	venti	27	ventisette	40	quaranta	200	duecento
21	ventuno	28	ventotto	50	cinquanta	312	trecentododici
22	ventidue	29	ventinove	60	sessanta	568	cinquecento-
23	ventitré	30	trenta	70	settanta		sessantotto
24	ventiquattro	31	trentuno	80	ottanta	1000	mille
25	venticinque	33	trentatré	90	novanta	2000	duemila
26	ventisei	38	trentotto	100	cento [無変化]		

13

Lezione 3 *Venezia (1)*

Una sosta al bar

Misaki è a Venezia. Dopo un lungo giro per la città, entra in un caffè in Piazza San Marco.

Dialogo

Cameriere	:	Buongiorno, signorina.
Misaki	:	Buongiorno. Un gelato misto, per favore.
Cameriere	:	Con panna?
Misaki	:	Sì, grazie.
Cameriere	:	Va bene. Desidera qualcos'altro?
Misaki	:	Mezzo litro d'acqua minerale, grazie.
Cameriere	:	Naturale o frizzante?
Misaki	:	Naturale, per favore.
Cameriere	:	Benissimo.

◆ Vocaboli ◆

giro 巡り歩くこと　**caffè** カフェ　**gelato misto** ジェラート盛り合わせ　**per favore** お願いします　**qualcos'altro**（<qualcosa altro）　**mezzo litro** 0.5リットル　**acqua minerale** ミネラルウォーター　**naturale** 自然のままの　**frizzante** 発泡性の　**benissimo**（<bene の強調形）かしこまりました

San Marco

Veduta con la Santa Maria della Salute

Ponte di Rialto

ヴェネツィア(1)

　ヴェネツィアはイタリア北東部に位置する都市で、ヴェネト州の州都です。観光地として日本人にも人気の高いこの街は、**ラグーナ laguna** と呼ばれる潟の上に築かれています。ここでは人の往来や物資の運搬のために当初から船が大切な役割を果たしていましたが、それは現在でも変わりません。車や電車は街の入り口までしか入れず、そこから先は**水上バス vaporetto** やボート、あるいは徒歩に頼らざるをえないのです。街を逆Ｓ字に流れる**大運河 Canal Grande** 沿いには、かつて地中海貿易で莫大な利益を得た貴族や商人たちの華麗な館が建ち並んでいます。**ゴンドラ gondola** に揺られながらゆったりとこれらの商館の眺めを楽しむのが、観光客たちのお気に入りのコースです。また、毎年２月に行われる**カーニヴァル Carnevale** には、華やかな雰囲気を味わおうと世界各国から大勢の人が訪れます。

Grammatica 3

1 規則動詞の直説法現在

	parlare	**prendere**	**aprire**	**preferire**
io	parl**o**	prend**o**	apr**o**	prefer**isco**
tu	parl**i**	prend**i**	apr**i**	prefer**isci**
lui /lei /Lei	parl**a**	prend**e**	apr**e**	prefer**isce**
noi	parl**iamo**	prend**iamo**	apr**iamo**	prefer**iamo**
voi	parl**ate**	prend**ete**	apr**ite**	prefer**ite**
loro	parl**ano**	prend**ono**	apr**ono**	prefer**iscono**

*-are動詞の変則：-iare, -care, -gare の変化は p.62, 63 を参照。

Parla italiano, signore?

Io prendo una birra, e tu?

Che caldo! Ragazzi, apriamo le finestre!

Preferisci un caffè o un cappuccino?

2 基本的な前置詞

a 場所（…で、に、）・時（…に）

Maria abita a Roma. / a mezzogiorno / a Natale

da 出発点・時（…から）

Partiamo da Napoli. / Da questa settimana cominciano i saldi.

di 所有・所属（…の）

Luca è di Napoli. / il fratello di Maria

in 場所（…で、に、…の中に）

in aula / In Italia ci sono molti paesi medievali.

su 場所（…の上に）

su questo tavolo

per 目的（…のために、の）、行先（…に向かって）

un regalo per Anna / un treno per Venezia

con 同伴（…と一緒に）、手段（…を使って）

Parlate con Lucio? / Apro la porta con la chiave.

fra / tra 場所（…の間に）、時間（…後に）

fra l'università e la stazione / fra due ore

Esercizi 3

[1] 次にあげる動詞の活用形の主語を代名詞で答え、さらに不定詞とその意味を調べましょう。

	主語	不定詞	意味
例：parl<u>ano</u>	<u>loro</u>	<u>parlare</u>	<u>話す</u>
(1) cant<u>iamo</u>	_____	_____	_____
(2) prefer<u>isco</u>	_____	_____	_____
(3) dorm<u>i</u>	_____	_____	_____
(4) stud<u>iano</u>	_____	_____	_____
(5) legg<u>ete</u>	_____	_____	_____

[2] [　]内の動詞を現在形になおして空欄に入れ、文を訳しましょう。

(1) [partire] Oggi lo studente _____ per Venezia.

　　訳：_____

(2) [prendere] Fabio, _____ il treno delle otto?

　　訳：_____

(3) [cominciare] Da domani _____ la mostra di Leonardo.　*mostra 展覧会

　　訳：_____

(4) [capire] I ragazzi _____ bene l'italiano.

　　訳：_____

[3] イタリア語で言ってみましょう。

(1) 私は土曜日にローマを出発します。

(2) ー太郎、君はイタリア語を話すかい？　ーうん、少しだけ話すよ。

Ricordiamo

週の曜日　I giorni della settimana

月曜日 lunedì (m)　火曜日 martedì (m)　水曜日 mercoledì (m)　木曜日 giovedì (m)
金曜日 venerdì (m)　土曜日 sabato　日曜日 domenica

月の名前　I mesi dell'anno

1月 gennaio　2月 febbraio　3月 marzo　4月 aprile (m)　5月 maggio　6月 giugno　7月 luglio
8月 agosto　9月 settembre (m)　10月 ottobre (m)　11月 novembre (m)　12月 dicembre (m)

季節　Le stagioni

春 primavera　夏 estate (f)　秋 autunno　冬 inverno

Lezione 4 *Venezia (2)*

Alla ricerca di un regalo

Misaki cerca un regalo per i suoi genitori. Entra in un negozio di oggetti di vetro veneziano vicino al Ponte di Rialto.

Dialogo

Commesso : Buonasera. Mi dica.

Misaki : Cerco un vaso per i miei genitori. Il mese prossimo festeggiano le nozze d'argento.

Commesso : Felicitazioni! Abbiamo vari colori: rosso, blu, azzurro…

Misaki : Quello rosso in vetrina è molto bello.

Commesso : Sì, è un modello piccolo, ma molto elegante con i manici in cristallo-oro.

Misaki : Mi piace molto. Quanto costa?

Commesso : 240 euro.

Misaki : Mmm… È un po' caro, ma va bene, lo prendo.

◆ Vocaboli ◆

vicino a …の近くに **Mi dica.**（直訳「私にお申しつけ下さい」）いらっしゃいませ。 **miei** （<mio） **genitori** 両親 **il mese prossimo** 来月 **le nozze d'argento** 銀婚式 **Felicitazioni!** おめでとうございます！ **vari**（<vario） **manici**（<manico） **cristallo-oro** 金色のクリスタルガラス **Mi piace molto.** とても気に入ってます。 **Quanto costa?** おいくらですか。 **Lo prendo.** それを買います。

Gondole

Acqua alta

Ricordi
di
Venezia

Un ponte

Vetro veneziano

ヴェネツィア(2)

　ヴェネツィアには「水の都」ゆえの問題もあります。毎年、秋から春先にかけては**高潮 acqua alta**が起こります。このとき、地盤沈下や季節風の影響もあって、街は水浸しに。主要な通りにはたいてい **passarelle** と呼ばれる**木製の台**が敷かれるので、長靴を持たない観光客でも足下を濡らさずに歩くことができます。

　ヴェネツィア周辺のラグーナには、ヴェネツィアガラスの島**ムラーノ Murano** や、カラフルな家並みとレース編みで有名な**ブラーノ Burano**、ヴィスコンティの映画『ヴェニスに死す』の舞台でもあり、毎年ヴェネツィア映画祭が開かれる高級リゾートの**リド Lido** など、魅力的な島々が点在しています。

Grammatica 4

1 冠詞前置詞　　　いくつかの前置詞は直後に定冠詞がくると、冠詞前置詞を形成します。

	il	**i**	**lo**	**gli**	**l'**	**la**	**le**
a	al	ai	allo	agli	all'	alla	alle
da	dal	dai	dallo	dagli	dall'	dalla	dalle
di	del	dei	dello	degli	dell'	della	delle
in	nel	nei	nello	negli	nell'	nella	nelle
su	sul	sui	sullo	sugli	sull'	sulla	sulle

<u>a + la</u> stazione → alla stazione　　<u>di + le</u> ragazze → delle ragazze

2 品質形容詞　　　関係する名詞の性・数に応じて変化します。

男性単数が -o で終わる形容詞　例：rosso

男性単数	**男性複数**	**女性単数**	**女性複数**
rosso	rossi	rossa	rosse

un vaso rosso　　due vasi rossi　　una borsa rossa　　due borse rosse

男性単数が -e で終わる形容詞　例：grande

男性・女性単数	**男性・女性複数**
grande	grandi

un vaso grande　　　due vasi grandi

una borsa grande　　due borse grandi

3 所有形容詞　　　所有される対象の性・数に応じて変化します。

	男性単数	**男性複数**	**女性単数**	**女性複数**
私の	mio	miei	mia	mie
君の	tuo	tuoi	tua	tue
彼・彼女の （あなたの）	suo (Suo)	suoi (Suoi)	sua (Sua)	sue (Sue)
私たちの	nostro	nostri	nostra	nostre
あなたたちの	vostro	vostri	vostra	vostre
彼ら・彼女らの	loro	loro	loro	loro

il mio libro　　i miei amici　　la mia scuola　　le mie scarpe

4 指示詞　**questo**「これ・この〜」と **quello**「あれ・あの〜」

男性単数	**男性複数**	**女性単数**	**女性複数**
questo	questi	questa	queste
quello	quelli	quella	quelle

Questo è un modello nuovo.　Quelle sono amiche di Franca.

*quello の定冠詞型変化については補遺 p.57 を参照。

Esercizi 4

[1] 与えられた前置詞と定冠詞を冠詞前置詞にしましょう。

(1) Questa è la macchina (di + la) _____ signora Lucci e quella è (di + il) _____ signor Bini.

(2) (Su + la) _____ tavola ci sono tanti piatti.

(3) (In + l') _____ appartamento abitano due giapponesi.

(4) Vicino (a + il) _____ Duomo c'è un buon ristorante.   *buon <buono

[2] （　　）内の形容詞を適当な形にして入れましょう。

(1) Quanto costa quella borsa _____? (rosso)

(2) La stazione di Venezia è abbastanza _____. (grande)

(3) Compriamo un _____ vaso per i nostri genitori. (piccolo)

(4) Questi ragazzi sono _____ (americano) e quelli sono _____ (francese).

[3] 例にならって、文を作りましょう。

例：scarpe (questo, mio) → Queste sono le mie scarpe.

(1) fiori (questo, tuo) → _____ sono _____ _____ _____.

(2) amica (quello, loro) → _____ è _____ _____ _____.

(3) macchina (quello, mio) → _____ è _____ _____ _____.

[4] イタリア語で言ってみましょう。
(1) その私の友達(男)はイギリス人です。

(2) そのアーケードの中には、たくさんのお店があります。

Ricordiamo

国名とその形容詞

	国名	形容詞		国名	形容詞
イタリア	Italia	italiano	ドイツ	Germania	tedesco
日本	Giappone	giapponese	フランス	Francia	francese
アメリカ	America	americano	韓国	Corea	coreano
中国	Cina	cinese	スイス	Svizzera	svizzero
イギリス	Inghilterra	inglese	オーストリア	Austria	austriaco

1-35
♪

Lezione 5   *Firenze (1)*

In una trattoria fiorentina

A Firenze, Misaki va a trovare Natsumi, una sua amica che è sposata con un ragazzo di Firenze. Natsumi e suo marito Gianni la invitano a pranzo in una trattoria tipica fiorentina.

Dialogo

Cameriere	:	Signori, volete ordinare?
Natsumi	:	Sì, grazie. Come primo io vorrei spaghetti con pancetta e zafferano.
Misaki	:	Anch'io.
Cameriere	:	E per Lei, signore?
Gianni	:	Qual è il "piatto del giorno"?
Cameriere	:	Oggi abbiamo ravioli di spinaci e ricotta al pomodoro.
Gianni	:	Va bene, li prendo. E per secondo, bistecca alla fiorentina per tutti, per favore.
Cameriere	:	Va bene. E da bere?
Gianni	:	Possiamo vedere la lista dei vini?
Cameriere	:	Certo… Eccola.

◆ Vocaboli ◆

va a~ （<andare a~）～しに行く　**sposata** （<sposato）結婚している　**primo** （<primo piatto）1皿目の料理　**pancetta** 生ベーコン　**zafferano** サフラン　**qual** （= quale）
il piatto del giorno 本日の料理　**ravioli** （<raviolo）ラヴィオリ　**ricotta** リコッタチーズ
secondo （<secondo piatto）2皿目の料理、メイン　**alla fiorentina** フィレンツェ風の
da bere 飲み物　**eccola** （<ecco + la）

Il Duomo

Una bancarella

Ponte Vecchio (negozi)

Ponte Vecchio

フィレンツェ(1)

　トスカーナ州の州都であるこの街では、メディチ家の統治のもと、ルネッサンス文化が花開きました。ドゥオーモである**花の聖母教会 Santa Maria del Fiore** や**聖ジョヴァンニ洗礼堂 Battistero San Giovanni**、**聖マリア・ノヴェッラ教会 Santa Maria Novella**、**ヴェッキオ宮殿 Palazzo Vecchio**、**ボーボリ庭園 Giardino di Boboli** など街自体が芸術作品の宝庫です。また、**ウッフィーツィ美術館 Galleria degli Uffizi** や**パラティーナ美術館 Galleria Palatina**、**アカデミア美術館 Galleria dell'Accademia** など、**ミケランジェロ Michelangelo**、**ボッティチェッリ Botticelli**、**ダ・ヴィンチ Da Vinci**、**ラファエッロ Raffaello** ら巨匠の作品を収蔵する美術館は枚挙にいとまがありません。

Grammatica 5

1 従属動詞の直説法現在

従属動詞は以下のような意味を持ち、うしろに動詞の不定詞が続きます。

potere ＜可能・許可＞ 〜できる、〜してよい	**volere** ＜願望＞ 〜したい	**dovere** ＜義務・必要＞ 〜しなくてはならない
posso	voglio / vorrei（条・現）	devo
puoi	vuoi	devi
può	vuole	deve
possiamo	vogliamo	dobbiamo
potete	volete	dovete
possono	vogliono	devono

Posso fumare qui?　　　　　　Vuoi andare al mare?

Volete un caffè?　　　　　　　Dobbiamo studiare per l'esame.

2 直接目的語代名詞

動詞の直前に置かれます。lo, la, li, le は人にも物にも使うことができます。

	mi	
	ti	
Gianni　(non)	lo / la / La	conosce bene.
	ci	
	vi	
	li / le	

Gianni <u>ti</u> conosce bene?　— Sì, <u>mi</u> conosce da tanti anni.

Conosci bene <u>la strada</u>?　— No, non <u>la</u> conosco affatto.

3 関係代名詞 **che** と **cui**

che は関係節の主語、直接目的語となります。先行詞は人でも物でも可。

Ho <u>un'amica</u> che abita a Firenze. (<u>L'amica</u> abita a Firenze... 先行詞は関係節の主語)

Questo è <u>un vino</u> che beviamo spesso. (Beviamo spesso <u>il vino</u>... 先行詞は関係節の直接目的語)

cui は前置詞とともに用いられ、副詞句を作ります。先行詞は人でも物でも可。

<u>Il ragazzo</u> a cui scrivo fa il cameriere. (Scrivo <u>al ragazzo</u>.)

Questa è <u>la trattoria</u> in cui lavora mio fratello. (Mio fratello lavora <u>nella trattoria</u>.)

Esercizi 5

[1] 空欄に（　　）内の従属動詞の現在形を入れ、文を訳しましょう。

(1) Ragazzi, (dovere) ＿＿＿＿＿＿ tornare subito a casa.

訳：＿＿＿＿＿＿＿＿＿＿＿＿＿＿＿＿＿＿＿＿＿

(2) Marco, (potere) ＿＿＿＿＿＿ comprare un vino rosso per stasera?

訳：＿＿＿＿＿＿＿＿＿＿＿＿＿＿＿＿＿＿＿＿＿

(3) Il signor Marchesi (volere) ＿＿＿＿＿＿ visitare la Galleria degli Uffizi.

訳：＿＿＿＿＿＿＿＿＿＿＿＿＿＿＿＿＿＿＿＿＿

(4) Studio italiano perché (volere) ＿＿＿＿＿＿ andare in Italia l'anno prossimo!

訳：＿＿＿＿＿＿＿＿＿＿＿＿＿＿＿＿＿＿＿＿＿

[2] 例にならって、質問に直接目的語代名詞を使って答えましょう。

例：Vedi Laura all'università? (sì/ oggi pomeriggio.)　— <u>Sì, la vedo oggi pomeriggio.</u>

(1) Compri quella rivista? (sì/ ogni mese) —＿＿＿＿＿＿＿＿＿＿＿

(2) Conoscete i professori d'inglese?(sì/ molto bene) —＿＿＿＿＿＿＿＿＿

(3) Invitiamo anche Marta alla festa? (sì/ senz'altro) —＿＿＿＿＿＿＿＿

(4) Giovanni ti aspetta al bar? (no/ in piazza) —＿＿＿＿＿＿＿＿＿＿

[3] 次の文を訳してみましょう。

(1) Oggi vedo un'amica che conosco da molto tempo.

(2) I miei genitori che hanno un negozio in centro lavorano fino a tardi.

(3) La ragazza di cui parlo è molto simpatica.

Ricordiamo

時刻の表現

時刻を表すとき、時間を表す数字には女性の定冠詞をつけます。

Che ora è? / Che ore sono?	È l'una.　1時です。
何時ですか？	Sono le tre e un quarto.　3時15分です。
	Sono le sei e mezzo.　6時30分です。
	Sono le otto meno un quarto.　8時15分前です。
	È mezzogiorno.　正午です。
	È mezzanotte.　真夜中です。
A che ora parti?	Parto alle sette e quaranta.
君は何時に出発するの？	7時40分に出発するよ。

25

Lezione 6　*Firenze (2)*

Una visita al museo

Misaki, Natsumi e Gianni vanno alla Galleria dell'Accademia.

Dialogo

Gianni	:	Misaki, sai di chi sono queste sculture?
Misaki	:	Certo. Sono gli Schiavi di Michelangelo!
Gianni	:	Esatto! Sono opere incompiute, ma piene di energia.
Natsumi	:	Sai, Gianni, a Misaki piace tanto l'arte italiana e la conosce già benissimo.
Misaki	:	No, non è vero che la conosco così bene, ma mi piace molto. Infatti vorrei scrivere la tesi sulla scultura del Cinquecento.
Gianni	:	Allora ti consiglio di venire a Firenze per studiarla!
Misaki	:	Sì, spero di poterci tornare presto. La prossima volta vorrei rimanere più a lungo!

◆ Vocaboli ◆

Galleria dell'Accademia アカデミア美術館　**Esatto!** その通り！　**Schiavi** 《奴隷》像　**incompiute** (<incompiuto)　**piene** (<pieno)　**benissimo** (bene の強調形) とてもよく　**tesi** (f.sg.)　**del Cinquecento** 1500年代の　**studiarla** (= studiare + la)　**poterci** (= potere + 場所を表す ci)　**a lungo** ゆっくり、長く

Palazzo Vecchio

Galleria degli Uffizi

Porcellino

Panini

フィレンツェ(2)

　ウッフィーツィ美術館と**アルノ川 L'Arno** を隔てたところに位置する**ピッティ宮殿 Palazzo Pitti** は、実は**ヴァザーリの回廊 Corridoio Vasariano** という全長１キロの廊下でつながっています。これは1565年にトスカーナ大公コジモ１世が、自身の住居であるピッティ宮殿と当時政務所であった現ウッフィーツィ美術館（Uffizi は「事務所」の意）を安全に往来できるようにと建築家**ジョルジョ・ヴァザーリ Giorgio Vasari** に命じて造らせたメディチ家専用の廊下で、アルノ川にかかる**ヴェッキオ橋 Ponte Vecchio** の２階部分を通り抜けるようになっています。現在はウッフィーツィ美術館の一部とされており、メディチ家メンバーの肖像画のほか、14世紀から近代までの多くの画家の自画像などが展示されていますが、予約制の特別見学ツアーでのみ訪れることができます。

Grammatica 6

1 不規則動詞

よく使う不規則動詞の直説法現在の活用を覚えましょう。

fare	dare	dire	sapere	andare	venire
faccio	do	dico	so	vado	vengo
fai	dai	dici	sai	vai	vieni
fa	dà	dice	sa	va	viene
facciamo	diamo	diciamo	sappiamo	andiamo	veniamo
fate	date	dite	sapete	andate	venite
fanno	danno	dicono	sanno	vanno	vengono

Facciamo spese in centro.

Andiamo al cinema? Che ne dite?

Dove va Franca a quest'ora?

Domani Carlo dà l'esame d'inglese.

Sapete dove abita Mauro?

Questo pacco viene da Londra.

2 間接目的語代名詞

前置詞 a ＋人で「〈人〉に」を表す代名詞です。動詞の直前に置かれます。

mi	Giovanna mi scrive. (= Giovanna scrive a me.)
ti	Ti consiglio di dormire di più. (= Consiglio a te di dormire di più.)
gli /le/ Le	Gli 〔Le〕 telefono ogni sera. (= Telefono ogni sera a lui 〔a lei / a Lei〕.)
ci	Ci dice sempre di no. (= Dice sempre di no a noi.)
vi	Vi faccio un caffè. (= Faccio un caffè a voi.)
gli	Gli mandiamo questa lettera. (= Mandiamo questa lettera a loro.)

3 piacere

好きなもの・ことを表すときに使う動詞です。元は「〜は〜に好ましい」という意味です。

	（間接目的語代名詞）〜に	好ましい	（主語）〜は
(non)	mi (ti, gli, le, Le, ci, vi, gli)	piace	Michelangelo la scultura viaggiare
		piacciono	i quadri gli spaghetti

28

Esercizi 6

[1] （　　）内の動詞を現在形に活用させて、意味の通る文にしましょう。

(1) Per il tuo compleanno (io-fare) ＿＿＿＿＿＿＿ una torta al cioccolato!

　　訳：＿＿＿＿＿＿＿＿＿＿＿＿＿＿＿＿＿＿＿＿＿＿＿＿

(2) Maria non (dire) ＿＿＿＿＿＿＿ niente, quindi non (noi-sapere) ＿＿＿＿＿ niente.

　　訳：＿＿＿＿＿＿＿＿＿＿＿＿＿＿＿＿＿＿＿＿＿＿＿＿

(3) Lorenzo e Roberto (andare) ＿＿＿＿＿＿＿ al cinema ogni sabato sera.

　　訳：＿＿＿＿＿＿＿＿＿＿＿＿＿＿＿＿＿＿＿＿＿＿＿＿

(4) I signori Fabbri (dare) ＿＿＿＿＿＿＿ sempre aiuto agli altri.

　　訳：＿＿＿＿＿＿＿＿＿＿＿＿＿＿＿＿＿＿＿＿＿＿＿＿

[2] 下線部を適当な間接目的語代名詞にして、文を書きかえましょう。

(1) Donatello scrive spesso a sua madre. →

(2) Diamo una mano al nostro vicino di casa. →

(3) Stasera offro io a te. →

(4) Dico sempre alle ragazze di non tornare tardi. →

[3] 空欄に piace もしくは piacciono を入れて、文を完成させましょう。

(1) Mi ＿＿＿＿＿＿＿ molto la pittura del Rinascimento.

(2) Non ti ＿＿＿＿＿＿＿ le opere di Michelangelo?

(3) Vi ＿＿＿＿＿＿＿ andare al museo?

(4) Ci ＿＿＿＿＿＿＿ la Galleria dell'Accademia.

Ricordiamo

1-45 ♪

「〜に行く（やって来る）」という時に andare や venire は前置詞をとります。どんな前置詞とともに使われるのか見てみましょう。

andare / venire in + 国・地方、a + 町　〜に行く/来る

Quest'estate vado in Toscana.　今年の夏、私はトスカーナ地方に行きます。

Domani Michele viene a Napoli.　明日ミケーレはナポリにやってくる。

andare da + 人　〜のところに行く

Lucia va da Franca ogni giorno.　ルチーアは毎日フランカのところに行く。

andare / venire a + 不定詞　〜しに行く/来る

Andiamo a vedere la partita (di calcio). （サッカーの）試合を見に行こうよ。　　このほか多数　cf. P.59参照

Lezione 7　*Roma (1)*

Alla stazione Termini di Roma

A Roma, Misaki sarà ospite di una sua amica, Alessandra, che è venuta a prenderla alla stazione. Alessandra ha lavorato per sei mesi a Tokyo e Misaki l'ha conosciuta in quell'occasione.

Dialogo

Misaki	:	Ciao, Alessandra! Grazie per essere venuta!
Alessandra	:	Figurati! Ma ho dovuto lasciare la macchina un po' lontano: trovare parcheggio vicino alla stazione è veramente un'impresa.
Misaki	:	Mi dispiace, e poi ti ho anche fatto aspettare perché il treno è arrivato in ritardo.
Alessandra	:	No, no, niente. Vieni, andiamo! Lasciamo la tua valigia a casa e poi ti faccio da guida. Che cosa vuoi vedere?
Misaki	:	Prima di tutto vorrei visitare il Pantheon.
Alessandra	:	Va bene, allora oggi facciamo un giro in quella zona.

◆ Vocaboli ◆

sarà （<essere 未来形 3 人称単数）　**venire a prendere...** （人を）迎えにくる　**Figurati!** とんでもない！　**essere un'impresa** 大仕事である　**mi dispiace** 申し訳ない、残念だ　**fare aspettare** 待たせる　**in ritardo** 遅れて　**fare da guida** 案内役を務める　**prima di tutto** まず最初に　**fare un giro** 散策する

San Pietro

Musei Vaticani

Campo de'Fiori

Stazione Termini

ローマ(1)

　「永遠の都 Città Eterna」、「世界の首都 Caput Mundi」とも呼ばれるローマは、**ラツィオ州 Lazio** の州都、そして**イタリアの首都 la capitale d'Italia** でもあります。人口は約300万人ですが、訪れる観光客は年間約千数百万人にも達します。

　テヴェレ川 **Il Tevere** が縦断し、ローマ発祥の地とされる**パラティーノ Palatino**、市役所のある**カンピドーリオ Campidoglio**、大統領官邸のある**クイリナーレ Quirinale**、**アヴェンティーノ Aventino**、**ヴィミナーレ Viminale**、**エスクイリーノ Esquilino**、**チェリオ Celio** の7つの丘にローマの中心部が広がっています。

　ローマ市内に、独立国である**ヴァティカン市国 Città del Vaticano** があり、**サン・ピエトロ大聖堂 Basilica di San Pietro**、**ヴァティカン美術館 Musei Vaticani** などがあります。

Grammatica 7

1 直説法近過去「〜した」＝ **avere / essere**［助動詞］の直説法現在＋過去分詞

★ avere型（おもに他動詞）

(io)	**Ho** mangiato un panino.	(<mangiare)
(tu)	**Hai** comprato una borsa.	(<comprare)
(lui / lei/ Lei)	**Ha** avuto due figli.	(<avere)
(noi)	**Abbiamo** conosciuto un italiano.	(<conoscere)
(voi)	**Avete** capito le domande?	(<capire)
(loro)	**Hanno** dormito da me.	(<dormire)

◆ 過去分詞の作り方

・-are動詞は語尾を -ato とする。不規則は fare → fatto のみ。

・-ere動詞は語尾を -uto とする。ただし、不規則形が多いので辞書で確認すること！

・-ire動詞は語尾を -ito とする。dire → detto、aprire → aperto など不規則形もある。

★ essere型（おもに自動詞）

(io)	**Sono** andat**o** / andat**a** a scuola.	(<andare)
(tu)	**Sei** venut**o** / venut**a** in treno?	(<venire)
(lui / lei/ Lei)	**È** partit**o** / partit**a** per Milano.	(<partire)
(noi)	**Siamo** arrivat**i** / arrivat**e** a Roma.	(<arrivare)
(voi)	**Siete** tornat**i** / tornat**e** presto.	(<tornare)
(loro)	**Sono** uscit**i** / uscit**e** di casa.	(<uscire)

過去分詞の語尾を、主語の性数に一致させ、男性単数→ -o、女性単数 -a、男性複数-i、女性複数 -e とする。

※piacere の近過去＝助動詞には essere を用いる

Il film mi è piaciuto.   I concerti mi sono piaciuti.

La canzone vi è piaciuta?   Le lasagne ti sono piaciute?

2 強調形（絶対最上級）「とても〜」をつくる語尾 **-issimo**

形容詞（一部の副詞）の最後の母音を消して、-issimo とする。molto 〜 と同じ意味。

修飾する名詞の性数に応じて、-issimo / -issima / -issimi / -issime となる。

buono	→	buonissimo	(= molto buono)
bello	→	bellissimo	(= molto bello)
bene	→	benissimo	(= molto bene)
molto	→	moltissimo	

Esercizi 7

[1] 空欄に助動詞を補い、会話を完成させましょう。

(1) — Che cosa (voi) _____ mangiato a pranzo?

   — _____ mangiato una bistecca.

(2) — A che ora (tu) _____ uscita di casa, Maria?

   — _____ uscita alle sei.

(3) — Signora Bianchini, _____ dormito bene questa notte?

   — No, non _____ dormito molto bene.

(4) — I tuoi figli _____ partiti in treno?

   — No, _____ partiti in macchina.

[2] 空欄に近過去形の動詞を入れて、文を完成させましょう。

(1) Francesca va sempre in biblioteca dopo le lezioni.

   Anche ieri _____ _____ in biblioteca.

(2) Di solito Franco finisce di lavorare tardi.

   Ma ieri _____ _____ di lavorare presto.

(3) A Natale mio figlio torna a casa.

   Anche l'anno scorso _____ _____ con la sua famiglia.

[3] 絶対最上級の表現を使ってイタリア語にしましょう。

(1) 父はとても大きな本を買いました。

(2) 今日、私はとても美しい女性 donna を見かけました。

(3) 昨晩 ieri sera、私たちはとてもたくさん話しました。

Ricordiamo

1-49 ♪

過去分詞 以下は不規則な過去分詞のおもなものです。徐々におぼえていきましょう。

-ere動詞				-ire動詞	
essere	→ stato	prendere	→ preso	aprire	→ aperto
stare	→ stato*	perdere	→ perso	offrire	→ offerto
avere	→ avuto**	nascere	→ nato	venire	→ venuto
leggere	→ letto	dividere	→ diviso	coprire	→ coperto
scrivere	→ scritto	rispondere	→ risposto	dire	→ detto
mettere	→ messo	correggere	→ corretto	morire	→ morto
vedere	→ visto	correre	→ corso		
chiedere	→ chiesto	spingere	→ spinto	* これは -are動詞	
chiudere	→ chiuso	spegnere	→ spento	** これは規則変化	

33

Lezione 8 *Roma (2)*

In giro per la città

Oggi Alessandra doveva andare al lavoro e non ha potuto accompagnare Misaki a visitare la città. Misaki ha visitato alcuni monumenti e poi è tornata a casa.

Dialogo

Alessandra : Misaki, hai preso il pullman turistico di cui ti ho parlato ieri sera?

Misaki : Sì, ho preso quello che arriva fino al Parco dell'Appia Antica. Il biglietto costava abbastanza ma potevo scendere e salire quando volevo, perché era valido per 24 ore.

Alessandra : Allora sei riuscita a vedere con calma il Parco?

Misaki : Sì, ma non solo, perché l'itinerario includeva anche tappe al Colosseo, alle Terme di Caracalla e alla Bocca della Verità.

Alessandra : Però! Hai visto quasi tutti i monumenti importanti!

Misaki : Sì, grazie a te! Anche la spiegazione registrata è molto utile, perché c'è anche in giapponese.

◆ Vocaboli ◆

pullman turistico 観光バス **Parco dell'Appia Antica** アッピア旧街道公園 **costare** の値段である **essere valido** 有効である **con calma** 落ち着いて **itinerario** ルート **tappa** 停車場所 **Terme di Caracalla** カラカラ帝の浴場 **Bocca della Verità** 真実の口 **Però!** （驚きを表して）へえ！ **grazie a ...** 〜のおかげである

Colosseo

Via Appia Antica

Fontana di Trevi

Pullman turistico

ローマ(2)

　イタリア映画といえば、往年の名作ぞろいです。**ロベルト・ロッセリーニ Roberto Rossellini** 監督の「**無防備都市ローマ Roma città aperta**」、ヴィットーリオ・デ・シーカ **Vittorio De Sica** 監督の「**自転車泥棒 Ladri di biciclette**」などには、戦後のローマの街角が随所に見られます。イタリアを代表する映画監督**フェデリコ・フェッリーニ Federico Fellini** の作品のなかでローマを舞台としているものには、「**カビリアの夜 Le notti di Cabiria**」、「**甘い生活 La dolce vita**」、「**フェリーニのサテリコン Fellini Satyricon**」、もう一人の巨匠ピエール・パオロ・パゾリーニ **Pier Paolo Pasolini** には「**アッカットーネ Accattone**」、「**大きな鳥と小さな鳥 Uccellacci e uccellini**」、「**テオレマ Teorema**」などがあります。

Grammatica 8

1 直説法半過去

★活用

	parlare	**leggere**	**dormire**	**essere**	**fare**
io	parl**avo**	legg**evo**	dorm**ivo**	ero	facevo
tu	parl**avi**	legg**evi**	dorm**ivi**	eri	facevi
lui/lei/Lei	parl**ava**	legg**eva**	dorm**iva**	era	faceva
noi	parl**avamo**	legg**evamo**	dorm**ivamo**	eravamo	facevamo
voi	parl**avate**	legg**evate**	dorm**ivate**	eravate	facevate
loro	parl**avano**	legg**evano**	dorm**ivano**	erano	facevano

★用法

① 過去に不特定期間、継続した状況・行動

Due anni fa abitavo ancora a Milano.

② 過去に同時進行した複数の行動

Mentre cenavamo, guardavamo il telegiornale.

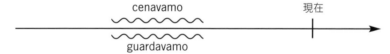

③ 過去に反復された習慣的行動

Ogni estate Marco andava al mare con gli amici.

★近過去（完了時制）と半過去（未完了時制）

Quando sono tornato a casa, tirava un forte vento.

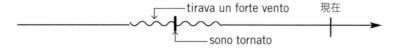

Mentre facevamo una passeggiata in centro, abbiamo visto Anna al bar.

Ho preso la patente quando avevo 20 anni.

Esercizi 8

[1] 用法 (p.36) を考えながら、(　) 内の動詞を半過去にして、文を完成させましょう。訳してみましょう。

(1) Durante le vacanze, in Italia, ogni mattina io (prendere) —————— un cappuccino al bar.

訳：_____

(2) Dieci anni fa, Luisa (lavorare) —————— ancora in quella banca.

訳：_____

(3) Mentre io (pulire) —————— la camera, i bambini (giocare) —————— in giardino.

訳：_____

[2] 以下のリストにある動詞を近過去あるいは半過去にして (　) 内に入れて、文を完成させましょう。訳してみましょう。　*Attenzione!　動詞リストは、順不同です！

> telefonare – fare – partire – rispondere – volere

Quella mattina (　　　) bel tempo. Io (　　　) a Enzo per chiedere se (　　　) andare al mare. Lui mi (　　　) di sì e, alle dieci, (　　　) con la sua macchina.

訳：_____

_____

Ricordiamo

ローマ市内の交通

しばらく滞在して、ローマを思いっきり堪能しようと思ったら、**公共交通機関 mezzi pubblici** を存分に活用しましょう。まずは**路線バス l'autobus**、それから**地下鉄 la metropolitana**、そして**トラム il tram** があります。いずれも乗車前に**停留所 fermata**、近くの**バール bar** や駅の売店で切符を購入しておきます。夜遅くにレストランからホテルに帰るには**タクシー il taxi** を呼んでもらいましょう。**タクシーを呼んでいただけますか？ Potrebbe chiamarmi un taxi?**

ホテルで役立つ表現

ホテルで空き部屋を探すには、**シングルルームはありますか？ Avete una camera singola?** (ツイン **doppia**、ダブル **matrimoniale**) と尋ねてみましょう。**浴槽 vasca da bagno** やシャワー **doccia** の有無も確認しましょう。**この部屋には〜がついていますか？ Questa camera ha ~?**　予約している場合には、到着時にフロントで **部屋を予約しています。私の名前は… Ho una camera prenotata. Mi chiamo...**
また**落ちついて tranquillo 静かな silenzioso** 部屋がいいのに、**騒々しい rumoroso** 場合は、フロントで交換交渉をしてみましょう。

Lezione 9 *Napoli (1)*

Alla scoperta degli scavi archeologici

Roberto, un amico di Alessandra, accompagna Misaki negli scavi di Pompei. Roberto è appassionato di archeologia e le spiega la vita quotidiana degli antichi romani.

Dialogo

Roberto : Ecco, siamo arrivati alle terme Stabiane. I cittadini romani finivano di lavorare nelle prime ore del pomeriggio e poi andavano alle terme.

Misaki : Beati loro che potevano smettere di lavorare così presto!

Roberto : Però la mattina cominciavano molto più presto di noi! E poi venivano qua per fare ginnastica e per farsi il bagno.

Misaki : Sembra una palestra di oggi!

Roberto : Infatti. La gente si spogliava in questa stanza, che si chiamava *apodyterion*, e dopo passava nel *tepidarium* e nel *calidarium* che sono di là.

Misaki : Cosa sono?

Roberto : Il tepidarium era una stanza dedicata al bagno tiepido, riscaldata dall'aria calda che passava sotto il pavimento; il calidarium era un po' più grande del tepidarium e aveva una vasca con l'acqua più calda.

◆ Vocaboli ◆

gli scavi di Pompei ポンペイの遺跡 **antichi romani** 古代ローマ人 **le terme Stabiane** スタビア浴場 **finire di~** ～し終える **prime ore** 早い時間 **beati loro** 彼らがうらやましい **smettere di~** ～をやめる **si spogliava** (<spogliarsi) **di là** むこうに **dedicata** (<dedicato) あてられた **riscaldata** (<riscaldato) 暖められた

Gli Scavi di Pompei

Le Terme Stabiane

Villa dei Misteri

ナポリ（1）

　西暦79年8月24日、ポンペイの**ヴェズヴィオ Vesuvio** 山が噴火。火砕流によって住民のほとんどが死亡し、ポンペイは翌25日には火山灰に埋没しました。18世紀になって発掘が開始されたため、町はローマ時代のままの状態で私たちの目の前に姿を現わしました。邸宅や別荘の壁画は、当時の生活の様子を伝えています。商店街からはコイン、テーブルからは食べ掛けのパンや食器まで発見されました。円形劇場を備えた都市計画、生活の豊かさには、見学者の誰もが目を見張ります。ナポリから日帰りできることもあり、**ポンペイの遺跡群 gli scavi archeologici di Pompei** は南イタリア観光の人気スポットのひとつです。交通手段としては、バスと電車があります。とくに順路などは決められていないので、パンフレットやガイドブックを参考に自由に見学します。炎天下の遺跡めぐりとなるので、春〜夏の季節には水などを準備していきましょう。

Grammatica 9

1 再帰動詞

alzarsi （他動詞 alzare ＋ 再帰代名詞 si）			
io	**mi** alzo	noi	**ci** alziamo
tu	**ti** alzi	voi	**vi** alzate
lui/lei/Lei	**si** alza	loro	**si** alzano

① 動作の主体と影響を受けるものが一致

(Io) <u>Mi lavo</u> prima di andare a letto.

  Cfr. Mia madre dopo cena lava i piatti.

Marco <u>si sveglia</u> alle sette.

  Cfr. La madre sveglia Marco alle sette.

② 相互的再帰動詞

(Noi) <u>Ci vediamo</u> domattina.   <vedersi

(Voi) <u>Vi sentite</u> spesso?   <sentirsi

Tina e Daniele <u>si amano</u> molto.   <amarsi

★再帰動詞の近過去には、助動詞essereを用います。

Mi sono lavato / lavata prima di uscire.

Ci siamo visti / viste ieri mattina.

2 比較級

① 優等比較「〜より...だ」：più... di (che)~

Maria è **più** alta **di** Luisa.

Mi piace viaggiare **più** in treno **che** in macchina.

② 劣等比較「〜より...でない」：meno... di (che)~

Luisa è **meno** alta **di** Maria.

Mi piace viaggiare **meno** in macchina **che** in treno.

③ 同等比較「〜と同じくらい...だ」：(così)... come~ / (tanto)... quanto~

Maria è (**così**) carina **come** Luisa.

Maria è (**tanto**) brava **quanto** Luisa.

Maria è (**tanto**) intelligente **quanto** buona.

> **★ di と che の使い分け**
>
> • di のあとには、名詞、人称代名詞が続きます。
>
> • che のあとには、形容詞、動詞、副詞、前置詞句、あるいは下の例のように数量、頻度などを比較する場合の名詞が続きます。
>
> 例：Leggo più libri che riviste.

Esercizi 9

[1] （　　）内に他動詞あるいは再帰動詞を入れて、文を作りましょう。訳してみましょう。

例： 他動詞 chiamare／再帰動詞 chiamarsi

<u>Io chiamo</u> Marco.　　　　　←他動詞　　　　私はマルコを呼びます。（＝電話する）

<u>Io mi chiamo</u> Anna.　　　←再帰動詞　　　私はアンナという名前です。

(1) 他動詞 lavare／再帰動詞 lavarsi

Maria (　　　　) i piatti dopo cena.　　　　訳：＿＿＿＿＿＿＿＿＿＿

Massimo (　　　　) ogni sera.　　　　　　　訳：＿＿＿＿＿＿＿＿＿＿

(2) 他動詞 vedere／再帰動詞 vedersi

Io (　　　　) Gianni domenica prossima.　　訳：＿＿＿＿＿＿＿＿＿＿

Noi (　　　　) domani.　　　　　　　　　　　訳：＿＿＿＿＿＿＿＿＿＿

(3) 他動詞 vestire／再帰動詞 vestirsi

La madre (　　　　) suo figlio in 5 minuti.　　訳：＿＿＿＿＿＿＿＿＿＿

Ogni mattina i bambini (　　　　) in fretta.　　訳：＿＿＿＿＿＿＿＿＿＿

[2] di あるいは che を入れて、文を完成させ、訳を考えてみましょう。

(1) Questo vino è più buono (　　　　) quello.

訳：＿＿＿＿＿＿＿＿＿＿＿＿＿＿＿＿＿＿＿＿＿＿＿＿＿＿＿＿＿

(2) Oggi fa più umido (　　　　) caldo.

訳：＿＿＿＿＿＿＿＿＿＿＿＿＿＿＿＿＿＿＿＿＿＿＿＿＿＿＿＿＿

(3) Preferisco andare in macchina (　　　　) in treno.

訳：＿＿＿＿＿＿＿＿＿＿＿＿＿＿＿＿＿＿＿＿＿＿＿＿＿＿＿＿＿

(4) Abbiamo più CD (　　　　) DVD.

訳：＿＿＿＿＿＿＿＿＿＿＿＿＿＿＿＿＿＿＿＿＿＿＿＿＿＿＿＿＿

(5) Dormo meno (　　　　) mio fratello.

訳：＿＿＿＿＿＿＿＿＿＿＿＿＿＿＿＿＿＿＿＿＿＿＿＿＿＿＿＿＿

Ricordiamo

道案内関連表現

道を尋ねるときは、通行人やバールの人に「**あのう、すみませんが**」Senta, scusi... と声を掛けます。～はどこにありますか？ **Dov'è~?** あるいは **Dove si trova~?**

ずっとまっすぐです **Sempre dritto.** 広場の先です **Dopo la piazza.** 最初の横道を右です **La prima traversa a destra.** （左です **a sinistra**） 角を曲がったところです **Dietro l'angolo.** 信号のところです **Al semaforo.** もう少し先です **Più avanti.**

案内があまりに長くて（あるいは話す速度が速くて）よく聞き取れなかった場合には、とりあえず聞き取れた最初の指示にしたがって進み、しばらくしたら、また誰かに尋ねるというようにオリエンテーションの気分で街歩きしてみましょう。もちろん、最後には **Grazie mille!** を忘れずに。

Lezione 10 *Napoli (2)*

Nella Galleria Umberto I

Dopo aver visitato Pompei, Misaki e Roberto sono tornati a Napoli. Hanno visto il Castel dell'Ovo, il Teatro di San Carlo e poi sono arrivati alla Galleria.

Dialogo

Roberto : Senti, Misaki, ti va di mangiare qualcosa di dolce?

Misaki : È una buona idea! Dopo una camminata così lunga… Guarda, lì c'è un bar. Ci andiamo?

Roberto : No, aspetta. Vedi quel posto dove c'è tanta gente? È una pasticceria molto famosa per le sfogliatelle e i babà.

Misaki : Sfogliatelle? Penso di aver letto qualcosa sulla mia guida ma non mi ricordo…

Roberto : La sfogliatella è un dolce con un ripieno a base di ricotta, invece il babà è a forma di fungo bagnato nel rum. Sono dolci tipici della zona.

Misaki : Mmm, sembrano buoni tutti e due!

Roberto : Va bene, aspettami qua che li vado a comprare.

Misaki : Sì, ma ne puoi comprare qualcuno in più per Alessandra?

Roberto : Certo! Sarà contentissima… le sfogliatelle le piacciono molto!

Vocaboli

Castel dell'Ovo たまご城 **ti va di …?** （君）〜するのはどう？ **qualcosa di dolce** 何か甘いもの **a base di…** 〜をベースにした **a forma di…** 〜の形をした **bagnato** 浸した **tutti e due** 2つとも

Carte napoletane

Castel Nuovo

Babà

Ciclotaxi

ナポリ(2)

　ナポリ Napoli は、イタリア南部カンパーニア州 Campania の州都です。紀元前6世紀に古代ギリシア人は、パルテノペという最初の植民都市を建設しました。パルテノペよりも「新しく建設された町」という意味の「ネアポリス」が、ナポリという町の名前の由来です。ナポリ名物といえばピッツァ pizza。とくに、イタリアの三色国旗（赤、白、緑）を模して、トマト pomodoro、モッツァレッラ・チーズ mozzarella、バジル basilico をのせたマルゲリータ Margherita という種類が人気です。また1960年から鹿児島市と姉妹都市を結んでおり、鹿児島市内にはナポリ通りが、ナポリ市内には鹿児島通り（via Kagoshima）があります。

Grammatica 10

1 命令法

	amare	prendere	sentire	finire	alzarsi
io	—	—	—	—	—
tu	ama	prendi	senti	finisci	alzati
Lei	ami	prenda	senta	finisca	si alzi
noi	amiamo	prendiamo	sentiamo	finiamo	alziamoci
voi	amate	prendete	sentite	finite	alzatevi
Loro	amino	prendano	sentano	finiscano	si alzino

essere: sii – sia – siamo – siate – siano

avere: abbi – abbia – abbiamo – abbiate – abbiano

（tu に対して）

Studia bene!

Svegliati!

Sii gentile con la gente!

（Lei に対して）

Entri pure!

Si svegli!

Abbia pazienza!

★否定命令「～するな／～しないでください」

• tu に対して＝ non + 動詞の原形

Non correre!

Non ti preoccupare! = Non preoccuparti!

• Lei, noi, voi, Loro に対して＝ non + 動詞の命令法の活用形

Non corra!　　Non corriamo!　　Non correte!　　Non corrano!

Non si preoccupi!　　　　Non preoccupiamoci!

★代名詞の位置に注意

tu	Mangialo!
	Dimmi!
	Diglielo!
Lei	Lo mangi!
	Mi dica!
	Glielo dica!

2 直説法未来

	cantare	prendere	partire	essere	avere
io	canterò	prenderò	partirò	sarò	avrò
tu	canterai	prenderai	partirai	sarai	avrai
lui/lei/Lei	canterà	prenderà	partirà	sarà	avrà
noi	canteremo	prenderemo	partiremo	saremo	avremo
voi	canterete	prenderete	partirete	sarete	avrete
loro	canteranno	prenderanno	partiranno	saranno	avranno

andare: andrò – andrai – andrà – andremo – andrete – andranno

fare: farò – farai – farà – faremo – farete – faranno

potere: potrò – potrai – potrà – potremo – potrete – potranno

Quest'anno andremo in Italia per le vacanze.

★用法

① 未来に行う動作・予定

　　Partirò per Roma fra un anno.

② 現在の事柄の推測

　　— Che ora è?

　　— Non lo so di preciso, ma saranno le nove.

44

Esercizi 10

[1] （　　）内の動詞を使って、tu, Lei, noi, voi, Loro に対する命令形を作りましょう。

(1) (invitare) anche Anna!　　　　　　　　アンナも招待する

tu: _____　　Lei: _____　　noi: _____

voi: _____　　Loro: _____

(2) Non (prendere) quell'autobus!　　　　あのバスに乗らない

tu: _____　　Lei: _____　　noi: _____

voi: _____　　Loro: _____

(3) (riposarsi) bene!　　　　　　　　　　しっかり休息する

tu: _____　　Lei: _____　　noi: _____

voi: _____　　Loro: _____

[2] （　　）内の動詞を未来にして、会話を完成させましょう。訳してみましょう。

(1) Anna: Marco, a che ora (tornare) _____ a casa?

訳：_____

Marco: (Finire) _____ di lavorare alle 6 e (arrivare) _____ a casa verso le 7.

訳：_____

(2) Maria: Quando (partire) _____ i tuoi genitori per l'Italia?

訳：_____

Sara: (Prendere) _____ il volo di domani e (stare) _____ a Roma per una settimana.

訳：_____

(3) Carla: Secondo te, quanti anni (avere) _____ quel bambino?

訳：_____

Giovanni: (Avere) _____ più o meno 5 anni.

訳：_____

Ricordiamo

ショッピング関連表現

店に入るときは、イタリア語で **Buongiorno!** と一声掛けてみましょう。最初はドキドキしますが、何回か繰り返せば大丈夫！　別に買うつもりはないが、ちらっと見てみたいときは**ちょっと見てもいいですか？ Posso dare un'occhiata?**　棚のものを広げて見たいときも**いいですか？ Posso?** と必ず断りを入れましょう。

ウィンドーはその店の顔なので、ディスプレイを見て歩くだけでも楽しいものです。でも、ふと目に留まった靴を試してみたいときは**ウィンドーの靴を試したい（はいてみたい）のですが、 Vorrei provare le scarpe in vetrina.** と店員さん **commesso / commessa** に頼んでみましょう。いよいよ購入のときは、**少し値引きをしてもらえませんか？ Può farmi un po' di sconto?** と聞いてみてもいいでしょう。**セール saldi** は1月と7月です。店を出るときは、買い物のいかんにかかわらず **Arrivederci!**

45

◆文法ノート　Note grammaticali

1　注意すべき名詞と形容詞

(1) 不規則な複数形

＊ 男性の語尾

-co → -chi : banco → banchi　fuoco → fuochi / antico → antichi

-ico → -ici : amico → amici　politico → politici / simpatico → simpatici

-go → -ghi : albergo → alberghi　luogo → luoghi / lungo → lunghi

-io → -i : figlio → figli　stadio → stadi

-ìo → -ii : pendio → pendii　zio → zii

＊ 女性の語尾

-ca → -che : amica → amiche / simpatica → simpatiche

-ga → -ghe : lattuga → lattughe / lunga → lunghe

-cia → -ce : arancia → arance　faccia → facce

(2) **-a** で終わる男性名詞

problema　programma　sistema　tema　cinema　duca　poeta

(3) **-o** で終わる女性名詞

la mano (pl. le mani)

auto (< automobile)　foto (< fotografia)　moto (< motocicletta)

radio (< radiofonia)

(4) 特殊な変化をする形容詞

(a) 定冠詞型変化

* **bello**（美しい）

m.s.	m.pl.	f.s.	f.pl.
il / **bel** libro	i / **bei** libri	la / **bella** vista	le / **belle** viste
lo / **bello** stadio	gli / **begli** stadi	l' / **bell'**aula	le / **belle** aule
l' / **bell'**albergo	gli / **begli** alberghi		

cf. 指示形容詞 quello も belloと同じ定冠詞型変化（p.57参照）

(b) 不定冠詞型変（単数形のみが特殊な変化）

* **buono**（良い）

m.s.	m.pl.	f.s.	f.pl.
un / **buon** ragazzo	**buoni** ragazzi	una / **buona** pasta	**buone** paste
uno / **buono** studente	**buoni** studenti	un' / **buon'**amica	**buone** amiche
un / **buon** antipasto	**buoni** antipasti		

2 部分冠詞 （← Lezione4, p.20）

di + 定冠詞で「いくらかの」、「いくつかの」と漠然とした数量を表します。英語の some と同じ意味です。

単数形（漠然とした量）	複数形（漠然とした数）
m. il / **del** pesce	i / **dei** libri
lo / **dello** zucchero	gli / **degli** studenti
l' / **dell'**olio	gli / **degli** alberghi
f. la / **della** carne	le / **delle** penne
l' / **dell'**acqua	le / **delle** aule

3 関係詞 （← Lezione5, p.24）

（1）関係代名詞

che 主語・目的語／先行詞は人・物どちらも可

Ho incontrato il ragazzo **che** abita vicino a casa mia.

Il dizionario **che** usiamo sempre è molto buono.

cui 前置詞 + cui／定冠詞 + cui + 名詞（所有を表す）

Questo è il palazzo **in cui** si trova l'ufficio informazioni.

Sandra, **il cui padre** è un mio caro amico, studia il giapponese a Tokyo.

quale 常に定冠詞をつけて使い、先行詞に合わせて次のように語尾変化します。主に書き言葉で用いられます。

il quale　　**i quali**

la quale　　**le quali**

La moglie del signor Rossi, **la quale** conosce bene mia moglie, lavora in questo negozio.

Queste sono le riviste **delle quali** Le ho parlato l'altro gorno.

chi 「～する人」（先行詞を含んだ関係代名詞）

Chi vuole partecipare alla cena deve pagare.

Questo è il libro di testo per **chi** studia l'italiano.

（2）関係副詞

dove 「場所」（= in cui）

Ecco il ristorante **dove** si mangia molto bene con prezzi ragionevoli.

quando 「時」（= in cui）

Mi ricordo benissimo di quel giorno **quando** sei arrivato per la prima volta a Roma.

4 代名小詞 ne と ci

代名詞に似た機能を持っている短い語で、「前置詞＋名詞（句）」の意味があります。

* ne = di (da) + 名詞（句）

（1）～について、～に関して

Questo è un problema difficile, ma abbiamo tempo. **Ne** parliamo con calma.

Oggi fa molto caldo. Che **ne** dici di andare in piscina?

（2）そのことについて (ne = di ciò)

Carla ha deciso di andare a studiare in Giappone. Che **ne** pensi?

（3）数量表現

— Hai visto tutti questi film?   — No, **ne** ho vist<u>i</u> solo due.

     — No, non **ne** ho vist<u>o</u> nessuno.

     cf. — Sì, **li** ho visti tutt<u>i</u>.

— Vuoi visitare tutte le città?   — È impossibile! **Ne** visito tre o quattro.

— Quanti ne abbiamo oggi?   — **Ne** abbiamo venticinque.

Questo prosciutto è buonissimo. **Ne** vorrei tre etti.

（4）場所「～から」（= da + 場所）

Quando Elisa va in biblioteca, sta lì tutta la mattina. Non **ne** esce mai!

* ci = a (in) + 名詞（句）

     (a) 場所・方向「そこに、そこへ」

       — A che ora arrivi a Firenze?   — **Ci** arrivo verso mezzogiorno.

       cf. — Oggi vai dai nonni?   — Sì, **ci** vado nel pomeriggio.

     (b) さまざまな補足語：pensare a~ / riuscire a~ / credere a(in)~

       — Domani con che cosa vado all'aeroporto?

                     — Non ti preoccupare. **Ci** penso io. [ci = a ciò]

       — Hai risolto il problema?   — No, non **ci** riesco.

       — Enrico ha vinto cinquemila euro alla lotteria!   — Non **ci** credo! [ci = a ciò]

5 副詞を作る語尾　-mente

一部の形容詞は語尾を女性形に変えて、-mente を付けると副詞になります。

（1）vero → veramente   fortunato → fortunatamente

（2）veloce → velocemente   semplice → semplicemente

     cf. –le → –lmente   –re → –rmente

     generale → generalmente   regolare → regolarmente

6 比較級と最上級

◆ 比較級　→ 本編参照 (Lezione 9, p.40)

◆ 最上級

(1) 優等最上級「〜のなかでもっとも... である」：定冠詞 + più...di[fra/tra]~

Questa è **la** chiesa **più** antica **de**lla città.

Marco è **il più** aperto **tra** tutti i fratelli.

(2) 劣等最上級「〜のなかでもっとも... でない」：定冠詞 + meno...di[fra/tra]~

Franco è **il** ragazzo **meno** simpatico **de**l gruppo.

Questo è l'albergo **meno** economico **fra** quelli elencati.

◆ 絶対最上級　→本編参照 (Lezione7, p.32)

◆ 不規則な形の比較級・最上級

原級	比較級	絶対最上級
buono	migliore	ottimo
cattivo	peggiore	pessimo
grande	maggiore	massimo
piccolo	minore	minimo
alto	superiore(a~)	supremo, sommo
basso	inferiore(a~)	infimo
bene	meglio	benissimo, ottimamente
male	peggio	malissimo, pessimamente
molto	più	moltissimo, massimamente
poco	meno	pochissimo, minimamente

Questo formaggio è **migliore[più buono] di** quello.

Sonia è **la figlia minore[più piccola]**.

Questo corso è **superiore a** quello.

Yuko parla italiano **meglio di** suo marito.

Stamani il direttore sta **benissimo**.

Oggi la bambina mangia **pochissimo**.

7 ジェルンディオ

英語の現在分詞によく似た機能を持ち、「進行形」を作ったり、さまざまな副詞節を作ったりします（「ジェルンディオ構文」：英語の「分詞構文」に相当）。

~are → ~ando:　parlare → parlando　　　例外）fare → facendo

~ere → ~endo:　prendere → prendendo　　例外）bere → bevendo

~ire → ~endo :　partire → partendo　　finire → finendo　　例外）dire → dicendo

◆ 進行形 = stare + ジェルンディオ：「いま〜しているところ」

— Pronto? Cosa **stai facendo**?

— **Sto camminando** verso la stazione. Oggi ho la lezione.

◆ ジェルンディオ構文
＜ジェルンディオの形態＞

	andare（自）	**prendere**（他）
単純形（主節と同時）	andando	prendendo
複合形（主節以前のこと）	[essendo] andato (i,a,e)	[avendo] preso

＜構文＞

（同時進行）	Facevo colazione **guardando** il telegiornale.
（時）	**Uscendo** dall'ufficio, ho incontrato per caso Giulio.
（原因）	**Avendo finito** il lavoro prima, sono andati a cena in centro.
（譲歩）	**Pur essendo arrivata** in ritardo, Silvia è riuscita a prendere il treno.
（条件）	**Cantando** bene, sicuramente vincerai il concorso.

8 動詞の非人称用法

(1) essere の3人称単数形 + 形容詞（副詞）* + 不定詞
　　　　　　　　　　　　　　　　　　 + che + 主語 + 動詞（接続法）

　* この構文でよく使われる形容詞／副詞

　facile, difficile, necessario, importante, possibile, impossibile, bello
　/ bene, meglio

　È difficile scrivere in italiano.

　È importante capire bene la sua intenzione.

　È bello vedere il mondo dall'alto.

　È meglio andare a casa.

(2) 非人称の si 「（一般的に）人は」：si + 自動詞の3人称単数形 [si が主語]

　Si mangia bene in questo ristorante.

　Si va in vacanza quando fa caldo.

9 受動態

（1）essere (venire) + 過去分詞 + [da~]

Siamo invitati a cena **dai** signori Bianchi.

Questa porta **viene aperta** ogni 25 anni.

（2）andare + 過去分詞「～されるべきである」

Le leggi **vanno rispettate**.

（3）si + 他動詞の3人称単数形・複数形

Si prende questa medicina dopo i pasti.

Dalla terrazza **si vedono** tutte le montagne quando fa bel tempo.

10 大過去

基準となる過去（近過去、半過去、遠過去）より以前に起こったこと、またはそれまでに完了
したことを表します。

＜形態＞　**avere または essere の半過去＋過去分詞**
　　　　　　　＜助 動 詞＞

Dopo che **aveva preparato** il pranzo per i figli, la mamma è uscita.

Quando ci ha telefonato Luigi, **eravamo** già **arrivati** alla stazione.

11 遠過去

心理的・時間的に現在から遠くはなれたことを表します。完了過去のひとつ。

＜規則変化＞

cantare	credere	finire
cantai	credei [credetti]	finii
cantasti	credesti	finisti
cantò	credè [credette]	finì
cantammo	credemmo	finimmo
cantaste	credeste	finiste
cantarono	crederono[credettero]	finirono

＜不規則変化＞

essere	avere	prendere	venire	dire	dare
fui	ebbi	presi	venni	dissi	diedi[detti]
fosti	avesti	prendesti	venisti	dicesti	desti
fu	ebbe	prese	venne	disse	diede[dette]
fummo	avemmo	prendemmo	venimmo	dicemmo	demmo
foste	aveste	prendeste	veniste	diceste	deste
furono	ebbero	presero	vennero	dissero	diedero[dettero]

La seconda guerra mondiale **finì** nel 1945.

Boccaccio **scrisse** il "Decamerone".

Aldo **firmò** il contratto e lo **consegnò** al padrone.

I signori Yamada **visitarono** l'Italia quando erano molto giovani.

Roma non **fu** fatta in un giorno.

12 条件法

条件法は本来ある条件下で起こりうること（可能性）を表す叙法ですが、婉曲表現や推測的な表現にしばしば用いられます。「現在」と「過去」の2つの時制があります。

＜条件法現在の変化＞ ＊未来形と同じ語幹

parlare	prendere	finire	essere	avere	volere	andare
parl**erei**	prend**erei**	fin**irei**	sarei	avrei	vorrei	andrei
parl**eresti**	prend**eresti**	fin**iresti**	saresti	avresti	vorresti	andresti
parl**erebbe**	prend**erebbe**	fin**irebbe**	sarebbe	avrebbe	vorrebbe	andrebbe
parl**eremmo**	prend**eremmo**	fin**iremmo**	saremmo	avremmo	vorremmo	andremmo
parl**ereste**	prend**ereste**	fin**ireste**	sareste	avreste	vorreste	andreste
parl**erebbero**	prend**erebbero**	fin**irebbero**	sarebbero	avrebbero	vorrevvero	andrebbero

＜条件法過去＞＝ <u>avere</u> または <u>essere</u> の条件法現在＋過去分詞
<助 動 詞>

Vorrei vedere quelle scarpe in vetrina.

Mi **piacerebbe** visitare il Museo Civico.

Potrei entrare?

Sarebbe meglio prendere un taxi.

Avrei dovuto chiamare Luisa, ma non avevo tempo.

13 接続法（1）

「客観的な事実」を述べる直説法に対して、接続法は思ったり考えたりしたこと、つまり「主観的な事柄」を述べる叙法です。時制は全部で4つありますが、まず「現在」と「過去」について見ましょう。

＜接続法現在＞

amare	prendere	dormire	capire	essere	avere	andare
am**i**	prend**a**	dorm**a**	cap**isca**	sia	abbia	vada
am**i**	prend**a**	dorm**a**	cap**isca**	sia	abbia	vada
am**i**	prend**a**	dorm**a**	cap**isca**	sia	abbia	vada
am**iamo**	prend**iamo**	dorm**iamo**	cap**iamo**	siamo	abbiamo	andiamo
am**iate**	prend**iate**	dorm**iate**	cap**iate**	siate	abbiate	andiate
am**ino**	prend**ano**	dorm**ano**	cap**iscano**	siano	abbiano	vadano

<接続法過去> ＝ avere または essere の接続法現在＋過去分詞
　　　　　　　　　　<助　動　詞>

<意見・想像>	Credo che anche lui **vada** in Italia.
	Immagini che i ragazzi **siano già tornati** a casa?
<希望>	Speriamo che tutto **vada** bene.
	cf. Spero di finire questo lavoro entro domani.
<疑念・不確実性>	Temo che Franca **arrivi** in ritardo.
	Non so se Mauro **abbia** la stessa idea.
<感情>	Mi dispiace che tu non **abbia potuto** vedere Nicola.
<譲歩>	Sebbene non **sia** molto gentile, lui fa quello che deve.
<目的>	Lo scrivo sulla lavagna perché **capiate** meglio.
	cf. Maria beveva molto caffè perché aveva sonno.
<非人称構文>	È necessario che **paghino** in contanti.
<独立用法>	Che tu **vinca** la borsa di studio!
	C'è molto traffico sulla strada. Che **possa** arrivarci in tempo?

14 接続法（2）

「接続法半過去」と「接続法大過去」は、主に時制の一致をするときや仮定文を作るときに用いられます。

<接続法半過去>

tornare	prendere	finire	essere	avere
torn**assi**	prend**essi**	fin**issi**	fossi	avessi
torn**assi**	prend**essi**	fin**issi**	fossi	avessi
torn**asse**	prend**esse**	fin**isse**	fosse	avesse
torn**assimo**	prend**essimo**	fin**issimo**	fossimo	avessimo
torn**aste**	prend**este**	fin**iste**	foste	aveste
torn**assero**	prend**essero**	fin**issero**	fossero	avessero

<接続法大過去> ＝ avere または essere の接続法半過去＋過去分詞
　　　　　　　　　　　　　<助　動　詞>

Pensavo che tu **andassi** in macchina.

Vorrei che i signori Neri **partecipassero** alla festa.

Immaginavamo che **aveste già fatto** colazione.

15 仮定文

(1) **現実のこと**：Se＋直説法現在（未来），直説法現在（未来）

Se **vado** a scuola, **incontro** Lucia.

Se **leggi** questo libro, **capirai** quello che volevo dire.

(2) **非現実のこと**

(a) **現在の事実に反する仮定**： Se＋接続法半過去、条件法現在

Se **avessi** tempo, **partirei** subito per l'Italia.

(b) **過去の事実に反する仮定**： Se＋接続法大過去、条件法過去

Se＋接続法大過去、条件法現在［結果が現在のこと］

Se **fossimo arrivati** un po' prima, **avremmo trovato** posti.

Se ieri non **avessi bevuto** così tanto, ora non **avresti** mal di testa.

◆ いろいろな表現　Espressioni varie

1. 数詞

（1）基数　I numeri cardinali

1	uno (un, una, un')	102	centodue
2	due	140	centoquaranta
3	tre	178	centosessantotto
4	quattro	200	duecento
5	cinque	500	cinquecento
6	sei	999	novecentonovantanove
7	sette	1.000	mille
8	otto	2.000	duemila
9	nove	6.000	seimila
10	dieci	10.000	diecimila
11	undici	30.000	trentamila
12	dodici	100.000	centomila
13	tredici	700.000	settecentomila
14	quattordici	1.000.000	un milione
15	quindici	5.000.000	cinque milioni
16	sedici	10.000.000	dieci milioni
17	diciassette	100.000.000	cento milioni
18	diciotto	1.000.000.000	un miliardo
19	diciannove	2.000.000.000	due miliardi
20	venti		
21	ventuno		
22	ventidue		
23	ventitré		
28	ventotto		
30	trenta		
40	quaranta		
50	cinquanta		
60	sessanta		
70	settanta		
80	ottanta		
90	novanta		
100	cento ［無変化］		

★ポイント★

100　cento は無変化。

1.000 は　単数　mille

　　　　　複数　mila（milla ではない！）

1.000.000（百万）は　単数　un milione

　　　　　　　　　　複数　milioni

1.000.000.000（十億）は　単数　un miliardo

　　　　　　　　　　　　複数　miliardi

cf. 百万以上は形容詞ではなく名詞扱いとする。

cf. 千単位の位取りには <.> を使用する。

---

(2) 序数　I numeri ordinali

ものの順序を表す序数は、後に置かれる名詞の性・数にしたがって語尾変化します。

1° (a,i,e) primo (a, i, e)	2° secondo	3° terzo	4° quarto	5° quinto
6° sesto　7° settimo	8° ottavo	9° nono	10° decimo	

11° undicesimo　　12° dodicesimo ...

es) primi piatti　seconda classe

(3) 小数　I numeri decimali

小数点には <,> を使用することに注意してください。

0,56　zero virgola cinquantasei　　　20,39　venti e (virgola) trentanove

€ 15,40　quindici (euro) e quaranta (centesimi)

2. 時間・時刻

Che ora è? / Che ore sono?

3.00　Sono le tre.	5.10　Sono le cinque e dieci.
7.15　Sono le sette e un quarto.	10.30　Sono le dieci e mezzo(a).
8.45　Sono le nove meno un quarto.	3.55　Sono le quattro meno cinque.

1.00　È l'una.　　　12.00　È mezzogiorno.　　　24.00　È mezzanotte.

— **A che ora** vai a letto?　— **Alle** undici.

— Quando parti per Roma?　— Parto **fra(tra)** un'ora.

3. 天気

Che tempo fa oggi?

Fa bel (brutto) tempo. / Fa caldo (freddo, fresco).

È sereno (nuvoloso, coperto).

Piove (Nevica).

4. 曜日・月・季節

(1) 曜日　I giorni della settimana

lunedì　martedì　mercoledì　giovedì　venerdì　sabato　domenica

(2) 月　I mesi dell'anno

gennaio　febbraio　marzo　aprile　maggio　giugno　luglio　agosto

settembre　ottobre　novembre　dicembre

(3) 季節　Le stagioni

primavera　estate (f.)　autunno　inverno

5. 前置詞

本来の前置詞 a, da, di, in, su, per, con, fra(tra)（第3課・P.16参照）のほかに、よく使われるものとして次のような前置詞（句）があります。

dentro ～のなかに **fuori** ～の外に **dopo** ～の後に **prima di** ～の前に

sopra ～の上に **sotto** ～の下に **senza** ～なしに **verso** ～に向かって

vicino a ～の近くに **lontano da** ～から遠くに **invece di** ～の代わりに

secondo ～によると **fino a** ～まで

Prima di cena faccio sempre quattro passi.

Sopra il tavolo ci sono fogli.

Il ristorante "Da noi" si trova vicino al Duomo.

Secondo me questa busta va bene, no?

Ti accompagno fino all'aeroporto.

6. 指示詞 (第4課・P.20参照)

(1) 指示代名詞

もの・人を指して使う代名詞で、指すものの性・数にしたがって語尾変化します。

	(m.s.)	(m.pl.)	(f.s.)	(f.pl.)
これ	**questo**	**questi**	**questa**	**queste**
（それ	**codesto**	**codesti**	**codesta**	**codeste**) *
それ、あれ	**quello**	**quelli**	**quella**	**quelle**

* この形は現在では、トスカーナ地方のみで使われます。

Questa è la mia borsa e quella è la tua.

Quelli sono studenti giapponesi.

(2) 指示形容詞

あとに名詞をおいて、形容詞のように使う指示詞です。

	(m.s.)	(m.pl.)	(f.s.)	(f.pl.)
この～	**questo**	**questi**	**questa**	**queste**
（その～	**codesto**	**codesti**	**codesta**	**codeste**) *

* この形は現在では、トスカーナ地方のみで使われます。

指示形容詞としての quello（その～、あの～）は定冠詞型の語尾変化をします。

(m.s.)	(m.pl.)	(f.s.)	(f.pl.)
il / **quel** libro	i / **quei** libri	la / **quella** penna	le / **quelle** penne
lo / **quello** zaino	gli / **quegli** zaini	l' / **quell'**area	le / **quelle** aree
l' / **quell'**orologio	gli / **quegli** orologi		

Questa macchina è di Luigi.

Il nostro ufficio si trova in quel palazzo.

7. avere + lo (a, i, e)

動詞 avere と直接目的語の代名詞 lo (a,i,e) をいっしょに使うときは、言いやすいように lo (a,i,e) の前に ce を付けて、次のような形で使います。

ci + lo → **ce lo (ce l')**   ci + la → **ce la (ce l')**   ci + li → **ce li**   ci + le → **ce le**

この ce は本来 ci (「そこに」と場所を表す副詞。c'è~ / ci sono~ の ci と同じ) ですが、lo (a,i,e) と並ぶときには、発音しやすいように ce という形に変わるのです。なお、この ci にはほとんど意味はなく、たんに口調を整えるために挿入されている冗語的な要素です。

— **Hai** un foglio?   — **Hai** una penna?   — **Avete** spiccioli?
— Sì, **ce l'**ho.   — No, non **ce l'**ho.   — Sì, **ce li** abbiamo.

次のように、「〜を持っていますか」とたずねるときに、疑問文に ce lo (a,i,e) を付けて言う場合もあります。意味はなく、冗語的な用法です。

— **Ce l'**hai una sigaretta? (= Hai una sigaretta?)
— Sì, **ce l'**ho.

8. よく使われる疑問詞

— **Che cosa** hai mangiato? — Ho mangiato una bella bistecca.
— **Che** lingua parla? — Parlo italiano, inglese e un po' francese.
— **Chi** viene alla cena? — Vengono tutti gli studenti giapponesi.
— **Qual** è la Sua camera? — La mia è la 311.
— **Quale** dei due treni prendete? — Prendiamo quello delle dieci.
— Maria, **dove** vai? — In centro. Devo fare la spesa.
— **Quanto** costa questa moto? — Costa parecchio, credo.
— **Quanti** giorni stai a Roma? — Solo un paio di giorni.
— **Come** è(**Com'**è) questo albergo? — Perfetto! È bello, pulito ed economico.
— **Perché** non puoi andare al cinema? — Perché domani do l'esame.
— **Come mai** sei qui? — Anch'io voglio vedere la diva.
— **Quando** torni in Giappone? — Non so dire, ma quanto prima!

9. イタリア人の姓名

(1) 姓 (cognome) につける敬称には、ふつう定冠詞をつけます。ただし、呼びかけのときは定冠詞を省略。

Il signor Bruni abita vicino a casa nostra.
La signorina Freni parla bene il giapponese.
Buonasera, signora Russi. Come sta?
Signor Spini, si accomodi!

まれに、親しみをこめてファーストネーム (nome) に敬称をつけることがあります。

Signorina Paola, dove va?

(2) イタリア人のファーストネームは、キリスト教の聖人の名前に由来したものが多いです。次に、代表的な名前を挙げておきましょう。

＜男性名＞

Aldo Andrea* Antonio Carlo Claudio Daniele Enzo Fabio Federico Francesco
Gianni Giovanni Luca* Lucio Luigi Mario Maurizio Marco Matteo Paolo Pietro
Piero Roberto Sandro Simone Stefano

* 語尾が -a になっていますが、男性です！

＜女性名＞

Alda Anna Antonietta Carla Claudia Daniela Enza Federica Francesca Gianna
Giovanna Lucia Luisa Maria Mara Maurizia Paola Roberta Sandra Simona Sonia
Stefania Tina

10. 成句的表現

andare... 〔場所〕

a casa（家）	al ristorante（レストラン）	in pizzeria（ピザ屋）
a cena（夕食）	al bar（喫茶店）	in centro（街なか）
a scuola（学校）	all'università（大学）	in montagna（山）
a teatro（劇場）	alla stazione（駅）	in biblioteca（図書館）

andare... 〔手段〕

a piedi（徒歩で）	in treno（電車で）
	in autobus（バスで）
	in taxi（タクシーで）

59

動詞活用表

1. essere と avere

不定詞	直説法			
	現在	半過去	未来	遠過去
avere	ho hai ha abbiamo avete hanno	avevo avevi aveva avevamo avevate avevano	avrò avrai avrà avremo avrete avranno	ebbi avesti ebbe avemmo aveste ebbero
essere	sono sei è siamo siete sono	ero eri era eravamo eravate erano	sarò sarai sarà saremo sarete saranno	fui fosti fu fummo foste furono

2. 従属動詞

不定詞	直説法			
	現在	半過去	未来	遠過去
potere	posso puoi può possiamo potete possono	potevo potevi poteva potevamo potevate potevano	potrò potrai potrà potremo potrete potranno	potei [potetti] potesti poté [potette] potemmo poteste poterono [potettero]
volere	voglio vuoi vuole vogliamo volete vogliono	volevo volevi voleva volevamo volevate volevano	vorrò vorrai vorrà vorremo vorrete vorranno	volli volesti volle volemmo voleste vollero
dovere	devo devi deve dobbiamo dovete devono	dovevo dovevi doveva dovevamo dovevate dovevano	dovrò dovrai dovrà dovremo dovrete dovranno	dovei [dovetti] dovesti dové [dovette] dovemmo doveste doverono [dovettero]

接続法		条件法	命令法
現在	半過去	現在	現在
abbia	avessi	avrei	——
abbia	avessi	avresti	abbi
abbia	avesse	avrebbe	abbia
abbiamo	avessimo	avremmo	abbiamo
abbiate	aveste	avreste	abbiate
abbiano	avessero	avrebbero	abbiano
sia	fossi	sarei	——
sia	fossi	saresti	sii
sia	fosse	sarebbe	sia
siamo	fossimo	saremmo	siamo
siate	foste	sareste	siate
siano	fossero	sarebbero	siano

接続法		条件法	命令法
現在	半過去	現在	現在
possa	potessi	potrei	
possa	potessi	potresti	
possa	potesse	potrebbe	
possiamo	potessimo	potremmo	
possiate	poteste	potreste	
possano	potessero	potrebbero	
voglia	volessi	vorrei	——
voglia	volessi	vorresti	vogli
voglia	volesse	vorrebbe	voglia
vogliamo	volessimo	vorremmo	vogliamo
vogliate	voleste	vorreste	vogliate
vogliano	volessero	vorrebbero	vogliano
debba	dovessi	dovrei	
debba	dovessi	dovresti	
debba	dovesse	dovrebbe	
dobbiamo	dovessimo	dovremmo	
dobbiate	doveste	dovreste	
debbano	dovessero	dovrebbero	

3. 規則動詞

不定詞	直説法			
	現在	半過去	未来	遠過去
parlare	parlo parli parla parliamo parlate parlano	parlavo parlavi parlava parlavamo parlavate parlavano	parlerò parlerai parlerà parleremo parlerete parleranno	parlai parlasti parlò parlammo parlaste parlarono
prendere	prendo prendi prende prendiamo prendete prendono	prendevo prendevi prendeva prendevamo prendevate prendevano	prenderò prenderai prenderà prenderemo prenderete prenderanno	presi prendesti prese prendemmo prendeste presero
aprire	apro apri apre apriamo aprite aprono	aprivo aprivi apriva aprivamo aprivate aprivano	aprirò aprirai aprirà apriremo aprirete apriranno	aprii apristi aprì aprimmo apriste aprirono
preferire	preferisco preferisci preferisce preferiamo preferite preferiscono	preferivo preferivi preferiva preferivamo preferivate preferivano	preferirò preferirai preferirà preferiremo preferirete preferiranno	preferii preferisti preferì preferimmo preferiste preferirono
cercare	cerco cerchi cerca cerchiamo cercate cercano	cercavo cercavi cercava cercavamo cercavate cercavano	cercherò cercherai cercherà cercheremo cercherete cercheranno	cercai cercasti cercò cercammo cercaste cercarono
pagare	pago paghi paga paghiamo pagate pagano	pagavo pagavi pagava pagavamo pagavate pagavano	pagherò pagherai pagherà pagheremo pagherete pagheranno	pagai pagasti pagò pagammo pagaste pagarono
studiare	studio studi studia studiamo studiate studiano	studiavo studiavi studiava studiavamo studiavate studiavano	studierò studierai studierà studieremo studierete studieranno	studiai studiasti studiò studiammo studiaste studiarono

接続法		条件法	命令法
現在	半過去	現在	現在
parli parli parli parliamo parliate parlino	parlassi parlassi parlasse parlassimo parlaste parlassero	parlerei parleresti parlerebbe parleremmo parlereste parlerebbero	—— parla parli parliamo parlate parlino
prenda prenda prenda prendiamo prendiate prendano	prendessi prendessi prendesse prendessimo prendeste prendessero	prenderei prenderesti prenderebbe prenderemmo prendereste prenderebbero	—— prendi prenda prendiamo prendete prendano
apra apra apra apriamo apriate aprano	aprissi aprissi aprisse aprissimo apriste aprissero	aprirei apriresti aprirebbe apriremmo aprireste aprirebbero	—— apri apra apriamo aprite aprano
preferisca preferisca preferisca preferiamo preferiate preferiscano	preferissi preferissi preferisse preferissimo preferiste preferissero	preferirei preferiresti preferirebbe preferiremmo preferireste preferirebbero	—— preferisci preferisca preferiamo preferite preferiscano
cerchi cerchi cerchi cerchiamo cerchiate cerchino	cercassi cercassi cercasse cercassimo cercaste cercassero	cercherei cercheresti cercherebbe cercheremmo cerchereste cercherebbero	—— cerca cerchi cerchiamo cercate cerchino
paghi paghi paghi paghiamo paghiate paghino	pagassi pagassi pagasse pagassimo pagaste pagassero	pagherei pagheresti pagherebbe pagheremmo paghereste pagherebbero	—— paga paghi paghiamo pagate paghino
studi studi studi studiamo studiate studino	studiassi studiassi studiasse studiassimo studiaste studiassero	studierei studieresti studierebbe studieremmo studiereste studierebbero	—— studia studi studiamo studiate studino

4. 不規則動詞

不定詞	直説法			
	現在	半過去	未来	遠過去
fare	faccio fai fa facciamo fate fanno	facevo facevi faceva facevamo facevate facevano	farò farai farà faremo farete faranno	feci facesti fece facemmo faceste fecero
dare	do dai dà diamo date danno	davo davi dava davamo davate davano	darò darai darà daremo darete daranno	diedi desti diede demmo deste diedero
dire	dico dici dice diciamo dite dicono	dicevo dicevi diceva dicevamo dicevate dicevano	dirò dirai dirà diremo direte diranno	dissi dicesti disse dicemmo diceste dissero
sapere	so sai sa sappiamo sapete sanno	sapevo sapevi sapeva sapevamo sapevate sapevano	saprò saprai saprà sapremo saprete sapranno	seppi sapesti seppe sapemmo sapeste seppero
andare	vado vai va andiamo andate vanno	andavo andavi andava andavamo andavate andavano	andrò andrai andrà andremo andrete andranno	andai andasti andò andammo andaste andarono
venire	vengo vieni viene veniamo venite vengono	venivo venivi veniva venivamo venivate venivano	verrò verrai verrà verremo verrete verranno	venni venisti venne venimmo veniste vennero
piacere	piace piacciono	piaceva piacevano	piacerà piaceranno	piacque piacquero

接続法		条件法	命令法
現在	半過去	現在	現在
faccia faccia faccia facciamo facciate facciano	facessi facessi facesse facessimo faceste facessero	farei faresti farebbe faremmo fareste farebbero	—— fa' (fai) faccia facciamo fate facciano
dia dia dia diamo diate diano	dessi dessi desse dessimo deste dessero	darei daresti darebbe daremmo dareste darebbero	—— da' (dai) dia diamo date diano
dica dica dica diciamo diciate dicano	dicessi dicessi dicesse dicessimo diceste dicessero	direi diresti direbbe diremmo direste direbbero	—— dì dica diciamo dite dicano
sappia sappia sappia sappiamo sappiate sappiano	sapessi sapessi sapesse sapessimo sapeste sapessero	saprei sapresti saprebbe sapremmo sapreste saprebbero	—— sappi sappia sappiamo sappiate sappiano
vada vada vada andiamo andiate vadano	andassi andassi andasse andassimo andaste andassero	andrei andresti andrebbe andremmo andreste andrebbero	—— va' (vai) vada andiamo andate vadano
venga venga venga veniamo veniate vengano	venissi venissi venisse venissimo veniste venissero	verrei verresti verrebbe verremmo verrreste verrebbero	—— vieni venga veniamo venite vengano
piaccia piacciano	piacesse piacessero	piacerebbe piacerebbero	piaccia piacciano

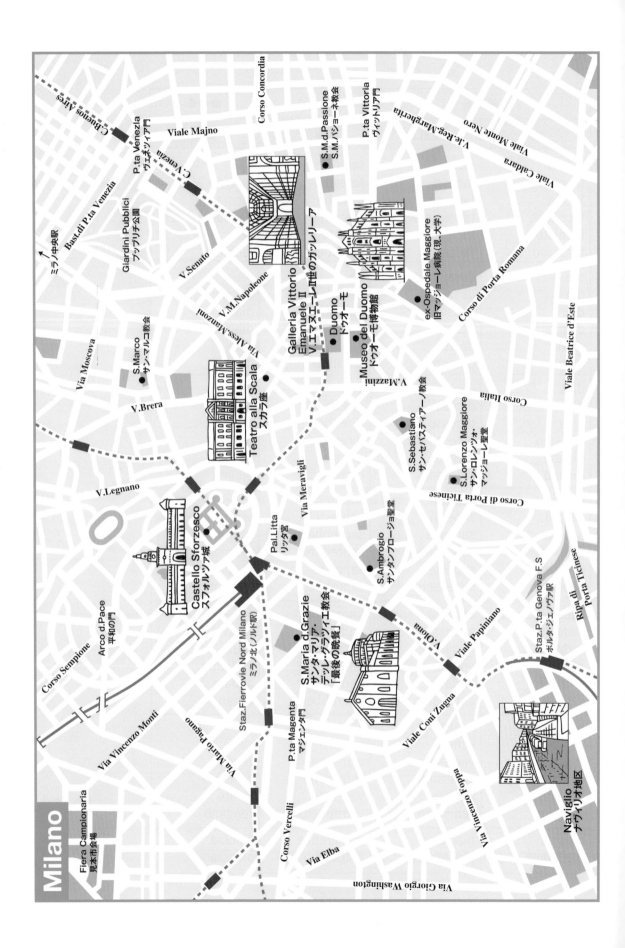

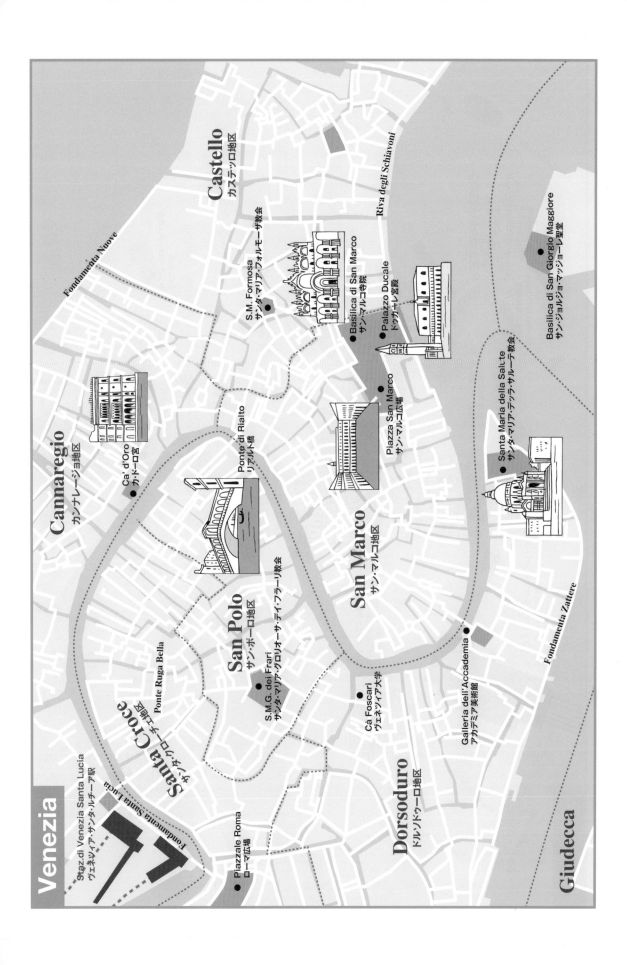

Venezia

Staz.di Venezia Santa Lucia
ヴェネツィア・サンタ・ルチーア駅

Fondamenta Santa Lucia

Piazzale Roma
ローマ広場

Santa Croce
サンタ・クローチェ地区

Ponte Ruga Bella

Cannaregio
カンナレージョ地区

Ca' d'Oro
カ・ドーロ宮

Fondamenta Nuove

Castello
カステッロ地区

S.M. Formosa
サンタ・マリア・フォルモーザ教会

Basilica di San Marco
サン・マルコ寺院

Palazzo Ducale
ドゥカーレ宮殿

Riva degli Schiavoni

San Polo
サン・ポーロ地区

S.M.G. dei Frari
サンタ・マリア・グロリオーサ・デイ・フラーリ教会

Ponte di Rialto
リアルト橋

Piazza San Marco
サン・マルコ広場

San Marco
サン・マルコ地区

Cà Foscari
ヴェネツィア大学

Galleria dell'Accademia
アカデミア美術館

Santa Maria della Salute
サンタ・マリア・デッラ・サルーテ教会

Basilica di San Giorgio Maggiore
サン・ジョルジョ・マッジョーレ聖堂

Fondamenta Zattere

Dorsoduro
ドルソドゥーロ地区

Giudecca

Firenze

V.le F.lli Rosselli

V.le G.Matteotti

Via della Scala

Via il Prato

Museo di S.Marco
サン・マルコ美術館

Gall.d.Accademia
アッカデミア美術館

Staz. di S.M.Novella
フィレンツェ・サンタ・マリア・ノヴェッラ駅

Pal.Medici-Riccardi
メディチ・リカルディ宮

Via Cavour

Via Ricasoli

Via Bufalini

Via dell' Oriuolo

S.M.Novella
S.M./ノヴェッラ教会

Duomo
ドゥオーモ

P.za d.Repubblica
レップブリカ (共和国) 広場

P.za d. Signoria
シニョリーア広場

Pal.Vecchio
ヴェッキオ宮

Galleria d. Uffizi
ウフィツィ美術館

Via G. Verdi

S.Croce
サンタ・クローチェ教会

Ponte Vecchio
ヴェッキオ橋

Fiume Arno

Via de' Serragli

Via de' Guicciardini

Pal.Pitti
ピッティ宮

Giardino di Boboli
↓ボーボリ庭園

S.Maria del Carmine
サンタ・マリア・デル・カルミネ教会

V.le Ariosto

Roma

Villa Borghese
ボルゲーゼ公園

Museo Naz.Romano
ローマ国立博物館

Staz.Termini

Via 20 Settembre

Staz.Spagna
スパーニャ駅

P.za di Spagna
スペイン広場

Via dei Condotti

Monte Viminale
ヴィミナーレの丘

S.Maria Maggiore
サンタマリア・マッジョーレ大聖堂

M.te Esquilino
エスクィリーノの丘

Colosseo
コロッセオ

M.te Celio
チェリオの丘

Terme di Caracalla
カラカラ浴場

Monte Quirinale
クイリナーレの丘

Via Quirinale

Palazzo del Quirinale (大統領官邸)
クイリナーレ宮 (大統領官邸)

via dei Fori Imperiali

M.te Capitolino
カピトリーノの丘

Monte Palatino
パラティーノの丘

F.na di Trevi
トレヴィの泉

Via del Teatro Marcello

Via del Circo Massimo

Pal.di Montecitorio
モンテチトーリオ宮 (下院)

Pal.Chigi
キージ宮

Pal.Madama
マダーマ宮 (上院)

Pantheon
パンテオン

M.te aventino
アヴェンティーノの丘

Longotevere Aventino

P.za Navona
ナヴォーナ広場

Pal.Spada
スパーダ宮

S.Cecilia in Trastevere
サンタ・チェチーリア・イン・トラステヴェレ教会

Viale di Trastevere

Villa Cola di Rienzo

Castel S.Angelo
サンタンジェロ城

P.te S.Angelo
サンタンジェロ橋

Corso V.Emanuele II

Fiume Tevere

TRASTEVERE
トラステヴェレ

Porta S.Pancrazio
S.パンクラツィオ門

Città del Vaticano
ヴァティカン市国

Basilica di S.Pietro
サン・ピエトロ寺院

P.za S.Pietro
サン・ピエトロ広場

Via delle Fornaci

Via Gregorio VII

Villa Doria Panphili
ドーリア・パンフィーリ公園

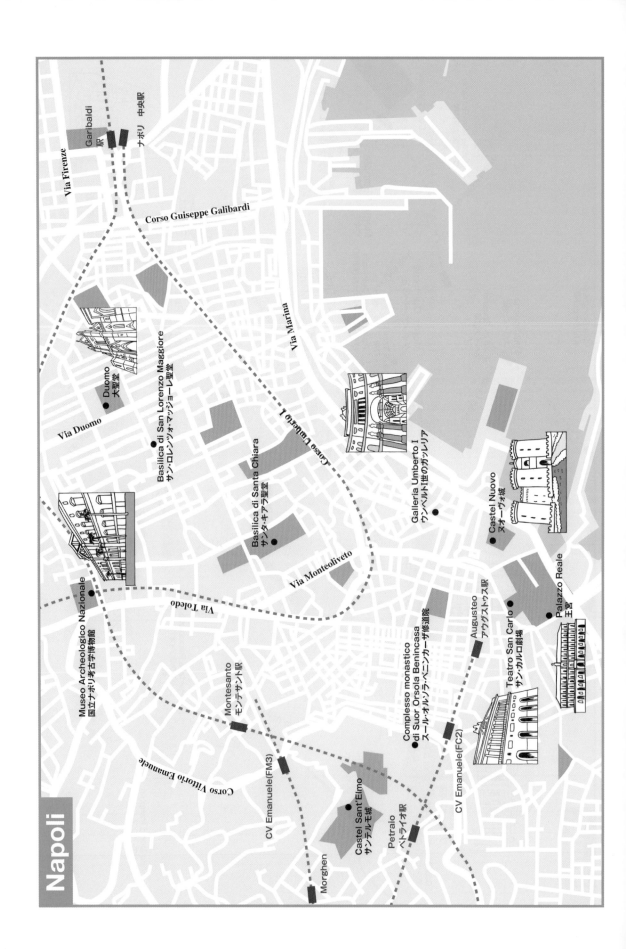

監修者・著者紹介

一ノ瀬　俊和（いちのせ　としかず）

東京外国語大学大学院修了。ＮＨＫイタリア語講座講師歴任。元国立音楽大学教授。

著書：『最新ア・ゾンゾ更新改訂版』（朝日出版社）、『しっかり学ぶイタリア語』（ベレ出版）ほか。

中矢　慎子（なかや　しんこ）

東京外国語大学博士前期課程修了。現在、国立音楽大学、武蔵野美術大学で非常勤講師を務める。

著書：『イタリア語　表現力トレーニング』(NHK出版)、『とっさのひとこと辞典』(DHC出版) 共著者。

入江　たまよ（いりえ　たまよ）

成城大学法学部卒。シエナおよびローマに留学。ＮＨＫテレビ・ラジオのイタリア語講師を務める。

著書：『しっかり身につくイタリア語トレーニングブック』（ベレ出版）、『ニューエクスプレス
イタリア語』（白水社）ほか。

私のイタリア
新装版デジタルテキスト付

検印
省略

© 2011年1月15日　　　　初版発行
2015年4月30日　　　　第2刷発行
2016年1月30日　　　　改訂新版初版発行
2021年1月30日　　　　新装版初版発行

監　著　　　　　　一ノ瀬　俊和
著　者　　　　　　中矢　慎子
　　　　　　　　　入江　たまよ

発行者　　　　　　原　雅久
発行所　　　株式会社　朝日出版社
101-0065　東京都千代田区西神田3-3-5
電話　03-3239-0271/72
振替口座　00140-2-46008
http://www.asahipress.com/
組版　クロス・コンサルティング／印刷　図書印刷

乱丁、落丁本はお取り替えいたします。
ISBN978-4-255-55317-7 C1087

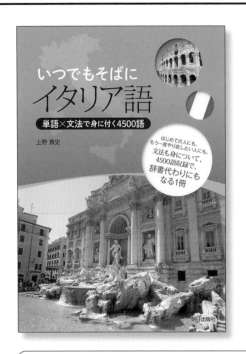